核心素养研究的系统哲学论

胡永近 武北峰 杨 慧 著

合肥工业大学出版社

图书在版编目(CIP)数据

核心素养研究的系统哲学论/胡永近,武北峰,杨慧著. --合肥:合肥工业大学出版社,2025. -- ISBN 978 - 7 - 5650 - 7071 - 6

Ⅰ. G649.2

中国国家版本馆 CIP 数据核字第 2025QP2764 号

核心素养研究的系统哲学论

胡永近　武北峰　杨　慧　著		责任编辑　张　慧	
出　版	合肥工业大学出版社	版　次	2025 年 5 月第 1 版
地　址	合肥市屯溪路 193 号	印　次	2025 年 5 月第 1 次印刷
邮　编	230009	开　本	710 毫米×1010 毫米　1/16
电　话	人文社科出版中心:0551 - 62903205	印　张	12.5
	营销与储运管理中心:0551 - 62903198	字　数	200 千字
网　址	press. hfut. edu. cn	印　刷	安徽联众印刷有限公司
E-mail	hfutpress@163. com	发　行	全国新华书店

ISBN 978 - 7 - 5650 - 7071 - 6 　　　　　　　　　　定价:42.80 元

如果有影响阅读的印装质量问题,请与出版社营销与储运管理中心联系调换。

作者简介

胡永近（1979.11），安徽宿州人，博士，宿州学院外国语学院教授。中国海洋大学外国语学院外国语言学及应用语言学硕士，菲律宾圣卡洛斯大学教育学院教育管理博士，国防科技大学国际关系学院外国语言文学博士后流动站博士后，淮北师范大学外国语学院兼职硕士生导师。师从国内系统功能语言学著名学者张德禄教授和李战子教授。先后获得宿州学院双能教师、优秀教师等荣誉称号。出版学术专著3部（参编1部），译著1部（参译），主编国家级规划教材2部、省级规划教材1部，发表论文30余篇，其中CSSCI论文10篇，主持省级和校级教学科研项目12项。

武北峰（1977.04），安徽宿州人，硕士，宿州学院外国语学院副教授。安徽师范大学外国语学院毕业，安徽师范大学英语语言文学硕士。参编省级规划教材1部，发表论文7篇，主持、参与省级和校级教学科研项目多项。

杨慧（1982.01），山东济南人，硕士，宿州学院外国语学院副教授。山东大学威海校区英语系毕业，安徽大学外国语言文学硕士。参编国家级规划教材1部、省级规划教材1部，发表论文5篇，主持、参与省级和校级教学科研项目10余项。

前　言

　　信息时代为人类社会带来了新的挑战，经济发展出现新模式，不同形态的新型制约不断涌现，社会发展出现新的特征，对人才的需求日益迫切，核心素养概念在此背景下应运而生。核心素养作为人们适应未来社会发展的必备品性和素质，其培养关系到个人的幸福生活、社会的和谐进步、国家的兴旺发展，对其进行研究关系到未来人才的培养。

　　核心素养培育的首要任务是厘定核心素养的内涵框架。目前国内外相关研究已经普遍认可核心素养包括知识、能力和态度三要素，虽然基于各自实情均具有差异，但是综合起来看在一定程度上勾勒出了核心素养的基本样貌，也讨论了如何培育具有高核心素养的人才。当然，核心素养的培育目标是适应未来社会发展的人才，可是未来社会到底需要什么样的人才，不能完全确定。核心素养内涵框架的确定，就是依据现状，集合集体智慧，寻求面向未来社会的人才的某些共通之处，即那些稳定的、普遍的部分。

　　在教育领域，核心素养可以具象化为学科核心素养、教师核心素养和学生核心素养等。学科核心素养是前提，教师核心素养是基础，学生核心素养是关键和目标。因此，核心素养是引起教育领域变革的动力，牵动着人才培养类型的改革、教学方式与理念的变革、课程教材的革新、评价机制的转向等，因此注定成为全球范围内教育政策制定、实践改革的重要议题。

　　核心素养的培育，绝非少数机构、少数人能够完成的工程，它需要全社会的共同努力。家庭教育和社会教育应该成为生力军。许多基本的价值和素养应该在家庭环境中养成。另外，社会学习和终身学习应该引入核心素养培育机制中（蔡清田，2012：173—174）。

　　学校教育是核心素养培育的主力军。从本质上说，教育的目的在于育人，只是在不同的情景语境中培养什么样的人存在差异，但是在新时代，教育的根本目的应该放在培育具有高核心素养的人才上，围绕"培养什么样的人、如何培养人以及为谁培养人"制定教育领域的核心素养。另外，还需要指出的是，核心素养的培育，涉及学校教育的各个阶段和各个环节。

　　学生核心素养是核心素养在教育领域的典型化，其内涵模型具有重要的价值：党和国家的教育方针能在教育领域贯彻实施的关键；促进教育高质量发展的主要依据；促进学生终身学习并适应未来社会发展的导向（辛涛等，2013：5—11）。核心素养是可教可学的，同时具有可测评性，教育领域中的相关核心素养亦如此。学生核心素养的测评关系到学生核心素养培育的效果，尤其要关注。有些素养，尤其是认知类的素养，例如英语专业中的听说读写等，可以通过量化测评，而有些素养，尤其是态度情感类素养，则难以用量化测评，其评估主观性较强，未来需要在此类素养的测评方面深入研讨，丰富测评手段。

　　系统哲学为基于马克思主义哲学和自然辩证法，结合现代科学的研究成果和新的理论成就，以客观系统物质世界作为研究对象的一门哲学的科学，其主要目的在于科学、准确地描述自然界、人类社会和思维领域等系统运动的本质特征和普遍联系，从整体上揭示系统事物的生灭转化过程和系统内外的辩证关系（乌杰，2008：1）。系统哲学认为，世界是物质的，系统是物质世界存在的基本方式和根本属性，自然界、人类社会和思维均是系统的，系统在一定的时空中不断地运动、变化和发展，是客观普遍存在的，而普遍联系是一切系统的客观属性（乌杰，2008：40—44）。系统哲学用系统内部各要素之间以及系统与其外部环境之间的相互作用来说明系统进化的动力、根源、机制和规律。核心素养作为一个系统的主张便在哲学层面找到归依。

　　本书主要来源于几位作者在平时的教学科研工作中的心得体会，总结成册，以供学界批评指正。胡永近负责筹划研究课题、研究章节，并负责撰写前言、第一章、第二章、第三章和第四章。武北峰负责撰写第五章、第六章、第七章、第八章和第十四章。杨慧负责撰写第九章、第十章、第十一章、第十二章和第十三章。胡永近负责统稿。

　　本书得到以下项目基金的资助：2020 年高等学校省级质量工程项目（重大）（2020jyxm2201）、宿州学院质量工程项目（szxy2023jyjf20）、宿州学院校级教研项目（szxy2023jyjf15、szxy2024jyjf38）、宿州学院校级质量工程重点项目（szxy2024jyxm36）。在写作过程中还得到了宿州学院教务处和外国语学院领导的支持与帮助，在此一并表示感谢。

　　本书为作者对于核心素养思考的初步成果，属于试水之作。书中引用其他学者的成果均已得到公认，属于佳作上品，而作者的论述主张纯属个人浅见，仅供读者参考，亦欢迎大家批评指正！

作　者
2025 年 2 月

目　　录

第一章 绪 论

1.1 研究背景与意义

1.1.1 研究背景

随着经济的迅速发展和信息技术的广泛应用，国际竞争已经演变为人才的竞争，而如何培养适应社会发展的高素质、现代型、高发展潜力的人才，就成为世界各国关注的重点课题。为进一步增强各自在复杂多变的社会中的竞争力，世界各国和国际组织纷纷开展了高素质人才的核心素养研究。

20世纪中后期，尤其是进入21世纪以来，整个世界越来越多地面临一系列可能威胁人类生存的社会、政治、经济、科技、文化和生态等"全球性变化"（Rieckmann，2012：127－135）。这种全球性的急剧变化和不断更新的技术、知识和职业需求，促使人类开始思考面向未来社会发展的人才所必备的素养。在经合组织、欧盟、美国、中国等国际组织和国家的推动下，核心素养这一理念应运而生。核心素养作为人类在信息时代和知识社会的基本需要，迅速成为教育改革的重要理论视角和课题，也为中国教育的发展带来了新的挑战和机遇。

教育的使命在于通过现有的知识和手段去培养能够生活在未来、引领未来、创造未来的人。因此，人才培养目标必须面向未来，体现未来世界所需要的素养。那些只强调知识和技能、仅局限于对短期现实工作产生作用的培养目标，不利于帮助学生做好准备去适应未来变化莫测的世界（克利夫顿、劳拉，2017：51）。因此，核心素养是设计和确立人才培养目标的重要依据。核心素养的英文直译为关键能力，指"人适应信息时代和知识社会的需要，解决复杂问题和适应不可预测情境的高级能力与人性能力"（张华，2016：10－24）。我国教育学者将其译为核心素养（核心素养研究课题组，2016：1－3），除保持了关键能力的意蕴外，还突出了对道德意蕴、价值观念、人的终身发展等维度的关注。

国内外组织、机构与学者对核心素养进行了多层面的研究，取得了丰硕的成果。但是总体来看，目前学术界关于该课题的研究还没有形成系统性体系，多较为分散；关于大学生核心素养的研究比较少；主观论述较多，实证研究缺失。因此，本书主要基于系统哲学展开，以期解决上述问题。

1.1.2　研究意义

本书具有理论和实践层面的双重意义。

（1）理论层面

从理论角度看，将系统哲学与核心素养研究进行结合，将核心素养视为一个特殊的系统，关注该系统内部要素及其结构与功能、外部环境影响因素以及系统内外部的相互关系。这一研究路径为核心素养研究提供新的研究视域、研究路径、认知论和方法论等，将核心素养研究提高到哲学理论的层面。

（2）实践层面

在实践层面，将系统哲学的核心思想和理论应用于具体的核心素养分析，扩展了核心素养分析实践的范围。在此基础上，进一步分析学科核心素养、教师核心素养、学生核心素养及其培育路径则更具有可行性和普适性。

1.2　研究来源与目的

本书研究来源为作者近年来对核心素养研究的初步探索成果，以及对系统哲学的肤浅领悟。主要目的在于：①在系统哲学视域下将核心素养视为一个系统，分析系统内部的各要素、结构与功能以及系统外部的环境影响因素；②描述系统内部与外部的相互关系；③分析学科核心素养、教师核心素养系统；④以实例说明核心素养的培育路径与结果。

1.3　研究内容与方法

1.3.1　研究内容

第一章为绪论，主要包括研究背景与意义、研究来源与目的、研究内容与方法以及重要观点与创新。最后指出：从系统哲学视域出发，能够为核心素养研究提供新的研究范式、认知论和方法论，促进相关研究更加多元化、实践化。将核心素养、学科核心素养、教师核心素养和学生核心素养视为系统，可以在实践中摸索出一条新的路径。

第二章介绍了核心素养国外研究的缘起与发展历程，主要包括核心素养的提出、核心素养的内涵、核心素养的框架结构、核心素养的特点、核心素养的维度与研究思路、核心素养的价值与取向。最后指出：众多的国际组织、国家、地区和学者纷纷展开核心素养的研究，从不同的国情、地区实际情况出发，提出了核心素养的不同内涵、概念与框架，均具有地区特色，为我国的核心素养研究提供了启示。

第三章介绍了核心素养的国内研究现状，主要包括国家制度层面、国内核心素养内涵研究以及国内核心素养框架研究。最后指出：虽然不同学者对于核心素养的内涵、性质和框架等所持的观点不尽相同，但是均建基于我国的国情，符合我国的核心素养培育实际，为本研究提供了理论借鉴。

第四章介绍了研究的理论依据：系统哲学，主要包括系统哲学简述、系统哲学的核心思想、系统哲学的五大规律、系统哲学的实践化。最后指出：在系统哲学视域下，核心素养可以视为一类特殊的系统。

第五章在系统哲学视域下建构了核心素养内涵系统，主要包括：问题的提出、核心素养的内涵、核心素养的地位、系统哲学对我国核心素养研究的反观以及对我国核心素养培育的相关建议。最后指出：系统哲学在核心素养研究领域具有可行性。

第六章讨论了核心素养框架及其培育路径，主要包括：核心素养框架相关研究、系统哲学视域下的核心素养框架、核心素养框架建构的反思与反观、核心素养框架设计需关注的问题以及关于核心素养培育和评估的几点思考。最后指出：核心素养框架的设计与培育需要在系统哲学视域下进行，关注系统的内外部双重制约性。

第七章以英语专业为例讨论了学科核心素养系统框架，主要包括：学科核心素养的相关研究、学科核心素养的地位、英语学科核心素养系统框架以及英语学科核心素养培育。最后指出：英语学科核心素养的设定是重中之重，关系到学生核心素养的培养目标是否能够顺利完成。

第八章以英语专业教师核心素养为例讨论了教师核心素养系统框架设计与培育路径，主要包括：教师核心素养的重要地位、教师核心素养研究、英语专业教师核心素养系统框架以及教师核心素养培育路径。最后指出：教师核心素养是培育学生核心素养的前提和基础，只有具有高度教师核心素养的教师才有更大的可能培育学生核心素养。

第九章讨论了学生核心素养系统框架设计与培育路径，主要包括：学生核心素养相关研究、学生核心素养地位、学生核心素养框架、学生核心素养培育路径以及学生核心素养评估策略。最后指出：在系统哲学视域下构建学生核心素养系统，可以发现学生核心素养属于专门核心素养，建基于核心素养系统。

第十章以某高校外国语学院英语（师范）专业为例讨论了英语师范专业学生核心素养框架，主要包括：英语师范专业的培养目标、英语师范专业的毕业要求、英语师范专业学生核心素养模型以及学生核心素养合理性评价。最后指出：将学生核心素养融入培养方案，使其成为培养方案中的毕业要求，从而形成培养目标—毕业要求—课程体系三位一体结构，即培养目标由毕业要求实现，后者又由课程体系实现。如此，毕业要求可以分别归类为学生核心素养中的知识、能力和态度子系统，实现学生核心素养的合理性与可行性。

第十一章以某高校外国语学院英语（师范）专业为例讨论了英语师范专业学生核心素养培育机制，主要包括：培育模式系统、显性课程系统、隐性课程系统以及第二课堂系统。最后指出：培育模式系统包括三个主要要素，即显性课程、隐性课程和第二课堂，而思政教育贯穿了三类课程教育过程的始终。

第十二章以某高校外国语学院英语（师范）专业为例讨论了英语师范专业学生核心素养测评，主要包括显性课程考核、隐性课程考核、第二课堂考核以及人才培养质量达成度评价。最后指出：不同类型的课程或者活动可以使用不同的测评方法。

第十三章以某高校外国语学院英语（师范）专业为例讨论了英语师范专业学生核心素养测评结果，主要包括：毕业要求达成度评价、毕业要求达成度评价中存在的问题、毕业要求达成度评价改进措施以及第二课堂成效。最后指出：综合定性评价和定量评价，该专业学生毕业要求完全达成。

第十四章扼要谈论了关于核心素养的几点思考，主要包括：系统哲学用于核心素养研究的可行性、重要性与进一步研究问题、外语界相关核心素养研究的合理性与急迫性、核心素养的内部差异。最后指出：更多的学者应该加入核心素养研究领域，为我国教育事业的高质量发展贡献自己的力量。

1.3.2 研究方法

（1）定性研究和定量研究相结合

定性研究主要用于分析核心素养的内涵、性质与特征等，建构核心素养系统、学科核心素养系统、教师核心素养系统、学生核心素养系统等。定量研究主要用于探究学生核心素养的评价结果，从而探索一条实际有效的学生核心素养培育路径。

（2）调查研究

调查研究主要为调查问卷，用于对教师、毕业生、实习单位和就业单位等相关利益方的调查，以期获取学生核心素养的培育效果数据。

1.4　重要观点与创新

1.4.1　重要观点

基于以上内容，本书提出以下观点，以供学界批评指正：

① 系统哲学视域下，核心素养可以视为一个系统。在内部，该系统具有自己的要素，各种要素作为子系统，亦具有自己的要素、结构与功能。核心素养系统的各种要素相互关联，构成系统结构，具有自己的系统功能。在外部，核心素养系统具有自己的环境影响因素，各种因素构成环境系统。环境系统内部各种要素形成结构，体现环境系统功能；各种要素作为子系统同样具有自己的要素、结构与功能。

② 核心素养系统内部要素与外部环境影响因素相互关联，共同制约核心素养系统的发展。

③ 与核心素养相同，学科核心素养、教师核心素养、学生核心素养等均可以视为一个系统，适用系统哲学的方法论分析。

1.4.2　创新之处

相较于其他视角下的核心素养研究，本书主要有以下几个方面的创新之处：

① 理论创新。依据系统哲学研究核心素养，从而为其提供理论依据，形成新的研究范式。

② 实践创新。以某高校外国语学院英语（师范）专业学生核心素养为例，具体探讨学生核心素养的构成、培育路径与评价，为培养大纲的制定、教学理论与实践的改革和创新等提供实际范例。

1.5　小结

在这个信息爆炸的时代，一切国家核心竞争力均聚焦于人才的竞争，培养具有核心竞争力的未来人才已成为国际社会的共识。具有核心素养的人才决定了未来社会发展的进程。在教育领域，培养学生核心素养同样成为教育界的主要任务。从系统哲学视域出发，能够为核心素养研究提供新的研究范式、认知论和方法论，促进相关研究更加多元化、实践化。将核心素养、学科核心素养、教师核心素养和学生核心素养视为系统，可以在实践中摸索出一条新的核心素养培育路径。

第二章 核心素养国外研究的缘起与发展历程

鉴干国内关于核心素养的研究角度众多，成果丰富，需要单独一章介绍，本章只介绍国外相关研究。

2.1 核心素养的提出

随着全球化进程的加快，世界各国之间的竞争逐渐聚焦于人才培养的软实力。人才的优劣多寡取决于教育的发展程度，教育的目的归根结底在于培养适应并服务于社会发展和世界进步的公民。面对当今社会的竞争加剧，培养何种人才成为教育领域不可规避的问题，也成为众多国际组织、国家和地区急需探讨的课题。核心素养这一术语在此背景下便应运而生。

素养一词虽然由来已久，但是核心素养的诞生不过二三十年的时间。20 世纪 90 年代，经济合作与发展组织（以下简称经合组织）在其开展的项目"素养的界定与遴选"（DeSeCo）中提出术语核心素养，用于指代所有社会的成员均应该具备的共同素养中最为关键且居于核心地位的素养，是培养能够自我实现与社会和谐发展的高素质国民和世界公民的基础（林崇德，2016：3）。之后，关于核心素养的研究如雨后春笋般层出不穷，在理论和实践等层面均取得了举世瞩目的成就。

2.2 核心素养的内涵

不同的国际组织、国家、地区和学者从各自的实情出发，探讨了核心素养的内涵，虽然各具特色，但是其核心理念基本一致。

2.2.1 经合组织的核心素养内涵

经合组织认为素养不只是知识与技能，它是在特定情境中通过利用和调动心理社会资源（包括技能和态度）以满足复杂需要的能力（张华，2016：10－24）。其开展的 DeSeCo 项目是核心素养研究的标志性事件，揭开了全球范围内核心素养研究的序幕。DeSeCo 项目提出，核心素养是对每个人都具有重要意义的素养，是帮助个人满足各个生活领域的重要需求并带来益处的素养。核心素养必须有价值且可以产生经济与社会效益。另外，核心素养是能够发展与维持的。在该项目中，核心素养被界定为：个人实现自我、终身发展、融入主流社会和充分就业所必备的知识、技能和态度的综合体，其是可迁移的，而且发挥着多元化的功能。在义务教育结束时，学习者应该具备这些基本的关键素养，并且在后续的终身学习中继续发挥其基础性作用（林崇德，2016：13）。

由该定义可以看出，核心素养是知识、技能与态度的集合，培养核心素养的目的是帮助公民实现自我、终身发展、融入主流社会和充分就业（张娜，2013：39－45）。然而，该定义亦存在不足之处，其提出在义务教育阶段结束时学习者应该具备所有的核心素养，意味着在此阶段核心素养的培养在理论层面上应该结束，只是在后续的学习和工作中发挥作用而已。另外，DeSeCo 项目的定义暗含着义务教育是培养核心素养的主体，忽略了其他培养主体与机制的作用。

2.2.2　联合国教科文组织的核心素养内涵

联合国教科文组织在其出版的《教育——财富蕴藏其中》一书中，提出了 21 世纪公民必备的四大核心素养：学会求知、学会做事、学会共处和学会发展。后又于 2003 年将"学会改变"增列为第五大核心素养。2005 年，该组织与经合组织合作发布报告《发展教育的核心素养》，将核心素养明确界定为使个人过上理想的生活和实现社会良好运行所需要的基本素养（谷屹欣，2019：57－68）。

2.2.3　欧盟的核心素养内涵

欧盟指出素养是适用于特定情境的知识、技能和态度的综合（European Commission，2005），此处的情境主要指个人情境、社会情境和职业情境。在其 2005 年发表的报告《终身学习核心素养：欧洲参考框架》中，欧盟指出核心素养是所有个体达成自我实现和发展、成为主动的公民、融入社会和成功就业所需要的那些素养，主要包括知识、技能和态度。其于 2006 年将核心素养的概念界定为：核心素养是一系列可移植的、具有多种功能的知识、技能和态度，是个体获得个人成就和自我发展、融入社会、胜任工作的必备素养，并且指出这些素养的培育应该在义务教育阶段完成，且成为终身学习的基础（靳玉乐等，2018：4）。从其下的定义可以看出，欧盟的核心素养概念基于功能视角提出。欧盟对核心素养的定位是在义务教育与培训阶段结束之前，年轻人就应该具备这些素养，以使他们能过好成年生活，并以此作为终身学习的基础。同时，按照终身学习的观点，强调需要将所有教育与培训系统及成人教育部门纳入其中，希望成年人在其整个生涯中都不断地更新发展这些素养（林崇德，2016：16－17）。

2.2.4　其他国家的核心素养内涵

美国的核心素养主要指所有的学生或工作者都必须具备的能力，其发展目的在于培养具有 21 世纪工作技能及核心竞争力的人。21 世纪技能联盟提出核心素养包括生活与职业生涯技能、学习与创新技能以及信息、媒体与科技技能等方面（林崇德，2016：17－18）。

英国教育体系提出的核心素养指为了适应将来的生活，年轻人需要具备的关键技能，以及学习、生活和工作所需要的资质。其中的关键技能主要是一种普通的、可迁移的、对劳动者的未来发展起关键作用的能力（谷屹欣，2019：57－68）。

苏格兰的核心素养理念指为了全面成为一个活跃与负责任的社会成员所必须具有的、可迁移的技能（林崇德，2016：18）。

法国的核心素养理念认为一个人的职业能力是与知识、技能和社交能力三个方面密不可分的。素养反映了学习的动态过程、知识的积累与传递的过程。其素养的归纳来自工作内容分析，同时是课程编制和测评的基础（林崇德，2016：18）。

德国的梅滕斯于 1974 年从职业教育角度提出了关键能力这一概念，用于指那些与特定的专业技能不直接相关的知识、能力和技能，是在各种不同场合和职责情况下作出判断选择的能力，是胜任生涯中不可预见的各种变化的能力。关键能力可以理解为跨专业的知识技能，由于其普遍适用性而不易因科学技术进步而过时或者被淘汰（林崇德，2016：20）。

澳大利亚的核心素养理念也称为综合职业能力或关键能力，指为有效参与发展中的工作形态与工作组织所必要的能力，主要包括收集、分析与组织信息的能力等。其所强调的并非某个学科或某一职业领域所需要的知识和技能，而是学生终身发展所需要的能力，是一般性的。这项特性也意味着核心素养不仅能帮助学生有效参与工作生活，也能帮助他们有效地接受继续教育或更广泛地参与成人世界。1991 年 9 月，澳大利亚成立"梅尔委员会"。1992 年，该组织指出：公民的核心素养是准备就业的基础；是所有类型职业都适用的一般能力，而非某些行业所需要的专门能力；使个体能有效地参与社会环境，包括工作与成人生活的环境；包括对知识和技能的整合与应用；是可学习的；必须能有效地评价（林崇德，2016：18）。

通过分析上述多个国际组织、国家和地区关于核心素养的论述，可以发现：①核心素养是当今社会普遍关注和重视的焦点问题之一，核心素养培养已成为全球范围内教育领域完成的终极目标；②不同的国际组织、国家和地区对核心素养理念及其重要性的认知总体上一致，但是对其内涵的界定依然有稍许差异，也在一定程度上体现了各自民族和国家的特色以及核心素养研究的立足点差异；③核心素养这一术语是一个多维度概念，内含知识、能力与态度等多元层面；④核心素养具有多元功能，且对社会上的每一个人都具有重要作用；⑤核心素养的培养与形成是一个渐进的过程，在个人与社会互动中提升；⑥核心素养是社会群体的每个成员共有的素养，是个体与社会共同发展所需要的关键的素养，不同于专业素养或职业素养；⑦核心素养的架构应该兼具个体与符号使用、自我发展，以及与社会之间的关系（林崇德，2016；张海燕，2018：5—6）；⑧核心素养并非学生特有的素养，而是每一个公民都需要具备的素养。

2.3　核心素养的框架结构

2.3.1　经合组织的核心素养框架

经合组织的 DeSeCo 项目邀请不同学科领域的专家对核心素养进行了探讨，因此其构建的核心素养理论模型亦建基于不同学科理论体系，主要包括：①社会学理论模型。代表专家菲利普认为核心素养的探讨应该围绕可以使个体在多元社会中发挥自身能动性而进行，如：鉴别与保护自身的资源、权利及限制条件、兼顾个体与集体、分析形势与关联、管理和解决冲突以及超越文化差异建立和谐秩序等。②哲学理论模型。代表专家斯佩伯、皮埃尔提出美好的生活需要的能力有复杂性能力、感知能力、规范能力、合作能力以及叙事能力等。③人类学理论模型。代表专家杰克认为应该在特定的实践情境下探讨核心素养。核心素养是如何在个体的生活框架下帮助个体更好地工作与生活。④心理学理论模型。代表专家海伦强调要在特定的文化、社会和语言环境下研究个人的核心素养，应该包含：管理模糊及不确定性的能力、拥有效能感以及自主性、寻找并且维持自己所在团体位置的能力、管理和整合情绪的能力以及管理与应对科学技术变化的能力等。⑤经济学理论模型。代表专家弗兰克提出技术的变革与全球化改变了工作环境对素养的要求，素养应该包括：作为终身学习基础的阅读和数学技能、口头和书面沟通能力、在不同社会环境中有效开展工作的能力、情绪智力、与人良好合作的能力以及熟悉通信技术的能力（林崇德，2016：56—59）。

经合组织的 DeSeCo 项目以实用性为目的，选择并确立最根本、最关键的素养，即核心素养。它提出每一个核心素养均需同时满足三个条件：①对社会和个体产生有价值的结果；②帮助个体在多样化情境中满足重要需要；③不仅对学科专家重要，而且对所有人重要。三个满足条件预设了核心素养的三个特质，即价值性、迁移性、民主性（张华，2016：10—24）。

DeSeCo 项目确立了三类核心素养：①交互使用工具的能力；②在异质群体中有效互动的能力；③自主行动能力。三大核心素养为核心素养指标体系的一级指标，又各自包含了二级指标。三大核心素养之间并非割裂孤立的，而是相互联系、交织，共同构成核心素养的整体，是因应不同情境的动态变化的需求（张华，2016：10—24）。三项核心素养是一种相互依存的关系，虽然它们各有自己的焦点内容，但是素养的社会复杂性与联结性使得它们依然彼此相互关联，共同描绘出了核心素养的概念。同时，由于环境的差异影响不同核心素养的发挥，因此在不同的情境下，三项核心素养各自发挥着不同的作用（林崇德，2016：60—61）。

核心素养 1 交互使用工具的能力包括 3 项二级指标，即交互使用语言、符号和文本的能力，交互使用知识和信息的能力和交互使用技术的能力。交互使用语言、符号和文本的能力可以具体描述为：有效地运用口语和/或书面语言、运算和其他数学能力。交互使用知识和信息的能力可以描述为：识别和确定自身未知的知识领域；识别、定位信息来源；评价信息和来源的质量、适切性和价值；组织知识和信息。交互使用技术的能力可以描述为：具有在日常生活和学习中应用技术的意识，运用信息和通信技术获取信息（林崇德，2016：60；张华，2016：10－24；靳玉乐等，2018：4）。

核心素养 2 在异质群体中有效互动的能力包括 3 项二级指标，即与他人建立良好关系的能力、合作能力和管理并化解冲突的能力。与他人建立良好关系的能力可以具体描述为：具有同理心，能够从他人的角度思考问题，有效地管理情绪。合作能力可以具体描述为：表达观点，倾听他人观点，理解辩论的动态变化和接下来的议程，建立战略的或可持续发展的联盟的能力；协商的能力；综合各方观点做出决策的能力。管理并化解冲突的能力可以具体描述为：在危机中分析问题和利益，识别共识和分歧，重新界定问题，对需求和目标进行优先排序（林崇德，2016：60；张华，2016：10－24；靳玉乐等，2018：4）。

核心素养 3 自主行动能力包括 3 项二级指标，即在复杂的大环境中行动的能力、形成并执行人生规划和个人项目的能力以及维护权利、兴趣、范围和需要的能力。在复杂的大环境中，行动的能力可以具体描述为：了解形势和所处的系统，明确自身行为的直接和间接后果，通过思考与自身和集体的规则和目标相关的潜在结果，对自身行动做出选择。形成并执行人生规划和个人项目的能力可以具体描述为：制订计划，设立目标，识别和评价已有资源和所需资源，平衡资源以满足不同的目标，从过去的行为中学习，预见未来的结果，监控过程，在计划执行中进行必要的调整。维护权利、兴趣、范围和需要的能力可以具体描述为：了解自身的权益，形成成文的规则和原则，进行基本情况分析，为了认定的需求和权利建立个人的论点，提出建议或可替代的方案（林崇德，2016：60；张华，2016：10－24；靳玉乐等，2018：4）。

经合组织核心素养研究为我国的核心素养研究提供了有利的启示：①开展跨学科研究。DeSeCo 项目在最终的报告中明确指出，课堂习得的技能不是核心素养。核心素养的获得不仅仅是在学校中完成的，还可以在家庭和社会生活中自己习得，所以不能把核心素养的研究囿于学校的教育研究中，特别是对课堂的研究。②综合考虑各方面的因素。在不同的社会环境中核心素养的概念具有不同的解释方式，而且受到整个社会的愿景、个体发展的目标、政治生活方式等因素综合作用。通过研究异质社会团体中核心素养的具体表现形式，综合分析其概念，才能建构适合自身的、具有一定普遍意义的核心素养体系。③对核心素养的结构进行了理论建构。④以评价的方式来促进核心素养的落实。经合组织在提出核心素养的概念之后，强调了素养的评价需要在终身教育的环境中去实施。DeSeCo 项目确定的核心素养的指标不能仅仅从学校教育中获得，还需要整个社会对个体的贡献。而且，核心素养是随着社会的变革而发生改变的，因此，终身教育的评价方式就显得尤为必要（林崇德，2016：61—63）。

需要指出的是，在 DeSeCo 项目为核心素养下的定义中，核心素养是知识、技能和态度的综合体（张娜，2013：39—45），而其确定的三类核心素养均为能力（张华，2016：10—24），并未涉及知识和态度。三大核心指标的二级指标中鲜有论及知识和态度者。因此，在某种程度上，可以说虽然该项目提出的核心素养内涵较为准确科学，但是其框架依然没有逃脱传统的能力导向的藩篱。

2.3.2 联合国教科文组织的核心素养框架

联合国教科文组织的核心素养框架源自终身学习的全面教育理念，在该思想的指导下，提出了界定 21 世纪公民必备的基本素质：学会求知、学会做事、学会共处和学会发展，以及后来提出的学会改变，其中学会求知是终身学习的基础。五大支柱相互连通，交织成一个共同体，促进个体的全面发展，映射了以人为本的教育理念（张海燕，2018：4）。每一支柱里又包含各种具体的基本技能，组成了终身学习的基本指标体系（林崇德，2016：36）。

支柱 1 为学会求知，其二级指标包括：学会学习、注意力、记忆力和思维品质。内涵为：它超越了教材和课堂教学中学习到的相关知识，包括个体在社会化过程中了解到的各种社会关系，习得民族文化价值观念、学会遵守社会行为规范，培养学生追求真理的科学精神（林崇德，2016：37；靳玉乐等，2018：6）。

支柱 2 为学会做事，其二级指标包括：职业技能、社会行为、团队合作、创新进取和冒险精神。内涵为：它意味着将所学的知识应用到实际问题解决过程，培养职业技能，并且强调为迎接知识经济社会的挑战而学习应对变化的综合能力（如合作、创新、交流等能力），突出从实践和人际互动中培养行为技能（林崇德，2016：37；靳玉乐等，2018：6）。

支柱 3 为学会共处，其二级指标包括：认识自己的能力、认识他人的能力、同理心和实现共同目标的能力。内涵为：学习和了解自身，尊重他人、团队、其他民族文化，学会关心、学会分享，学会平等对话，通过协商解决矛盾或冲突，学会通过合作达成团队的共同目标，获得相应的社会活动经验（林崇德，2016：37；靳玉乐等，2018：6）。

支柱 4 为学会发展，其二级指标包括：促进自我精神、丰富人格特质、多样化表达能力和责任承诺。内涵为：反映了教育和学习的根本目标，包括个人适应社会所需的情感、精神、交际、合作、审美、体能、想象、创造、批判性精神方面，以实现人相对全面而充分的发展（林崇德，2016：37；靳玉乐等，2018：6）。

支柱 5 为学会改变，其二级指标包括：接受改变、适应改变、主动改变和引领改变。内涵为：个人不仅要学会接受及适应改变，也要以实际行动回应变化的环境，主动引领改变，成为改变的主体。学习不仅可以适应改变，也能引起改变（林崇德，2016：38；靳玉乐等，2018：6）。

2013 年，该组织发布报告《全球学习领域框架》，将核心素养划分为 7 个一级指标：身体健康、社会和情感、文化和艺术、语言和交流、学习方法和认知、数字和数学、科学和技术，以及与其相对应的从学前、小学和小学后 3 个阶段划分的二级指标，每个二级指标又进行下一层次指标划分，各指标都有比较详细的内容说明（林崇德，2016：15；谷屹欣，2019：57—68）。虽然具体的表述因年龄不同而有所差异，但是总体上而言各子领域还是基本统一的（林崇德，2016：54）。

身体健康的内涵：儿童和青年能合适地运用身体，发展运动控制力，对于营养、运动、健身，以及安全等方面具备一定的知识并能付诸行动。子领域举例：身体健康与卫生；食品与营养；体育活动（林崇德，2016：42）。

社会和情感的内涵：儿童和青年能发展和保持与成年人和同伴的关系，懂得如何看待自己和他人。子领域举例：社会与共同体观念；公民观念；心智健康与幸福（林崇德，2016：42）。

文化和艺术的内涵：能够创造性地表达，包括音乐、戏剧、舞蹈、视觉、媒体、文学艺术或其他创造性活动。同时，了解家庭、学校、社区及国家的文化经验。子领域举例：艺术创作；文化知识；自我或共同体身份认同；尊重多元化（林崇德，2016：43）。

语言和交流的内涵：能在社会生活世界中运用第一语言进行交流，包括听、说、读、写，并能听懂或读懂各种媒体的语言。子领域举例：说与听；词汇；写作；阅读（林崇德，2016：43）。

学习方法和认知的内涵：学习者投入、参与学习的过程就是学习方式，认知则是指通过各种方式开展的心理过程。子领域举例：坚持与专注；合作；问题解决；自我导向；批判性思考（林崇德，2016：43）。

数字和数学的内涵：能广泛应用数字与数量语言的科学来描述和表征在生活中所观察到的现象。子领域举例：数字概念与运算；几何与模型；数学应用；数据与统计（林崇德，2016：43）。

科学和技术的内涵：科学素养指掌握包括物理规律和一般真理在内的具体科学知识或知识体系。技术素养则是要求开发或运用技术来解决问题。子领域举例：科学探索；生命科学；物理学；地理学；数码技术的意识与运用（林崇德，2016：43）。

联合国教科文组织核心素养研究亦为我国的相关研究提供了值得借鉴的启示：①人本主义的理念先行，重构教育本质观。该组织一直致力于转变已有的工具主义教育目的观，从以人为本的视角出发，重构教育的本质观。联合国教科文组织要求全面回归教育的人本属性，关注学生的终身发展，进而开启了全民教育运动。②学习领域先导，年龄分段明晰。核心素养的指标体系具体化为不同的年龄阶段，关注到了儿童发展的阶段性，从而更加符合教育的规律，更有利于推动核心素养的培育与发展。③以能力为向导，以评价促发展。该组织积极倡导"以评促建"理念，旨在测评学习结果，提高教育质量（林崇德，2016：54－55）。

从以上分析可以看出，联合国教科文组织和 DeSeCo 项目类似，其核心素养框架的重点依然置于能力层面。

2.3.3　欧盟的核心素养框架

欧盟的态度相当务实稳健，强调教育培训必须兼顾社会与经济两种功能，而且所有的公民皆应该通过终身学习获取，并持续更新他们的知识与技能，濒临社会排斥者更应该特别受到帮助，因为这将有助于提高就业率，促进经济发展，同时增加社会凝聚力（林崇德，2016：63）。

究竟什么是核心素养？欧盟精简、务实地定义：一个人要在知识社会中实现自我、融入社会，以及具备就业时所需的能力（包括知识、技能与态度）。核心素养的确定是政策决定者在创造终身学习机会时的必要参照。欧盟对核心素养的定位是在义务教育与培训阶段结束之前，年轻人应该具备这些素养，以使他们能过好成年生活，并以此作为终身学习的基础。同时，从终身学习的角度，强调需要将所有教育与培训系统及成人教育部门均纳入其中，希望成年人在整个生涯中都应该不断地发展、维持与更新这些素养。《终身学习核心素养：欧洲参照框架》对每项核心素养进行了定义，并界定和描述了每项素养所包含的知识、技能和情感。欧盟指出，其所提出的八项核心素养同等重要，因为它们中的每一项都有益于人在知识社会中成功生活。而且，其中的很多核心素养都是相互交叉或重叠的（林崇德，2016：64）。

欧盟提出了终身学习的八大关键素养，包括使用母语交流、使用外语交流、数学素养与基本的科学技术素养、数字化素养、学习能力、公民与社会素养、创业精神和艺术素养。每个素养均由知识、技能和态度三个维度构成，其核心理念是使全体欧盟公民具有终身学习能力，突出特点在于统整了个人、社会和经济三个方面的目标与追求。就个人的自我实现与发展而言，核心素养必须为个体追求个人生活目标提供支持，为个人兴趣、梦想及终身学习的愿望提供动力；就社会生活而言，核心素养应该帮助个人建立公民身份、行使公民权利、积极融入社会；在经济方面，核心素养应让每个人都具备工作的能力，在劳动市场中找到合适的工作，为欧盟的全球竞争力提供保障（靳玉乐等，2018：4－5）。

欧盟核心素养的结构与内容具体如下所述（裴新宁、刘新阳，2013：89－102）。

核心素养1为使用母语交流，其定义为使用母语进行口头或书面表达和解释的能力，在各种社会文化情景中恰当和创造性地运用母语进行交流的能力。具体构成包括知识、技能和态度。知识为母语的词汇、语法及语言功能等知识；了解文学语言与非文学语言以及各种语境下的不同语言形式。技能为在各种场合运用口语和书面语进行交流；甄别和使用不同表达方式、检索和处理信息、使用词典等辅助工具、形成和表达观点。态度为对批判性和建设性对话的积极倾向；对语言之美的欣赏与追求；与人交流的兴趣；积极和富有社会责任感地使用母语的觉悟和意识。

核心素养2为使用外语交流，其定义为在适当范围的社会文化情境中理解、表达与解释的能力，跨文化理解、交流与协调能力。具体构成中的知识为外语词汇、语法及语言表达形式等知识；社会习俗与文化方面的知识。技能为口语会话、阅读和理解文本；使用词典等辅助工具及自学外语。态度为欣赏文化多样性；对语言和跨文化交流的兴趣和好奇心。

核心素养3为数学素养与基本的科学技术素养，其定义为发展和运用数学思维处理日常生活问题、使用数学模型和数学表征的能力和意愿；使用科学知识和方法体系解释自然界、发现问题和得出基于证据的结论的能力和意愿；应用相关知识和方法达到目的或满足要求；理解人类活动所带来的变化及个体公民的责任。具体构成中的知识为关于数、度量和结构的扎实知识；基本运算和数学表征；对数学概念和原理的理解和数学问题意识；自然科学基本原理、基本科学概念和方法等基础知识；对科学技术对自然界的影响，以及科技的优势、局限和风险等的理解。技能为应用基本的数学原理解决日常情境中的问题，遵循和评估证据链；进行数学推理、理解数学证明及运用数学语言和适当工具；运用技术手段和数据达到目标或得出基于证据的决定或结论；认识科学研究的基本特征并对其结论和推理进行交流。态度为尊重事实真相；愿意探寻原因和评价有效性；有好奇心和批判精神；对伦理问题、安全和可持续发展的关注；对与自身、家庭、社区和全球问题相关的科学和技术议题的关注。

核心素养 4 为数字化素养，其定义为在工作、生活和交往中自信和批判地使用信息技术的能力，以基本的信息技术能力为基础，如使用计算机和互联网的能力。具体构成中的知识为较好地理解有关信息技术本质、作用及操作等方面的知识，包括字处理、数据库、信息管理等软件的使用方法；认识网络及电子媒介所带来的可能性和潜在风险；理解信息技术如何支持创新；对信息的可靠性和合法性的判断以及对相关法律和伦理问题的认知。技能为批判和系统地检索、收集、处理和运用信息；鉴别和评价信息；使用软件和网络服务生成、表达和理解复杂信息；运用信息技术支持批判性思维、创造和创新。态度为对信息的反思和批判的态度；负责任地使用交互性媒体；出于文化的、社会的以及职业的目的置身网络和虚拟社区的兴趣。

核心素养 5 为学习能力，其定义为求知的能力和持之以恒地学习的能力，组织个人或团队学习的能力；对学习过程、目标和机会的认识，解决学习困难的能力；在已有知能基础上获取新知能的能力；动机和自信。具体构成中的知识为对于特定工作或职业目标，个体要知道相关能力、知识、技能和程度的要求；对于各种情况下的学习，个体要了解自己所偏好的学习策略及其优缺点和程度，知道如何获得教育及培训机会和帮助。技能为以读写算和信息技术使用等基本技能为基础，获取和吸纳新知能；有效管理、批判反思和评价自己的学习和工作，认识学习需要和机会，持之以恒；自律与协作；寻求建议和支持。态度为终身学习的动机和信心；问题解决的积极态度；运用已有知识和生活经验在各种情境中探求新知的好奇心和愿望。

核心素养6为公民与社会素养，其定义包括个人、人际和跨文化等方面，是以有效和具有建设性的方式处理多变的社会和职业生活的问题、解决冲突的能力，充分参与公民生活，认识和积极民主地参与社会和政治活动。具体构成中的知识为保持身心健康的生活方式的知识；对不同社会文化环境中认同的行为方式的认识；有关个人、组织、性别平等和非歧视及相关社会文化知识，理解多维社会经济和多元文化并认同本国文化；有关民主、正义、平等、公民身份及权利的知识；对本国、欧洲和世界历史与现实问题和趋势的认识；对欧洲一体化和欧盟组织结构和运作、多样性及文化认同的认识。技能为在不同社会文化环境中进行建设性的交流；包容和理解不同文化和观点；表达、处理压力和挫折；有效参与公共事务；表现自己解决当地或更广区域问题的决心和兴趣；批判性、创造性地反思和建设性地参与社区、地方、国家乃至欧盟各层次的决策活动，特别是以民意表决的方式参与这些活动。态度为协作、自信果断和诚实正直；对社会经济活动和跨文化交流感兴趣；尊重多样性，尊重他人；和解与不持偏见；充分尊重人权；具有所在地方、国家、欧盟和欧洲乃至世界的归属感；参与各个层次的民主决策，理解和尊重共享的价值体系；建设性地参与公民活动，支持社会多样性、凝聚和可持续发展，尊重他人的价值观和隐私权。

核心素养7为创业精神，其定义为个体将想法付诸实践的能力，包括创造创新能力、风险承担能力、计划和管理项目的能力；觉知环境与把握机遇的能力；开展和参与社会活动或商业活动的能力；伦理价值和善治的意识。具体构成中的知识为辨识个人及职业活动机遇的知识；把握全局的知识；对雇主和组织所面临的机遇和挑战的认识；理解企业伦理观。技能指积极主动地进行项目管理；有效地表达和谈判；独立工作和团队协作；判断和甄别自身的优缺点以及评估和承担风险。态度为积极主动精神；个人和社会生活中的独立和创新意识；追求目标达成的动机和决心。

核心素养 8 为艺术素养，其定义为：欣赏以音乐、表演艺术、文学和视觉艺术等形式对思想、体验和情感的创造性表达。具体构成中的知识为有关当地、国家和欧洲文化遗产及其世界地位的知识，包括主要文化作品的基础知识；理解欧洲及世界各地的文化和语言多样性；对保护多样性和日常生活中美学元素重要性的认识。技能为欣赏艺术作品和表演；依据自身天赋进行艺术表达的技能；创造性地表达和评价艺术作品；辨别和认识文化活动中所蕴藏的社会和经济机遇。态度为对自己文化的深刻理解和良好的认同感；对文化表达多样性的尊重和开放的心态；创造；进行自我艺术表现、参与文化生活、提升审美能力的意愿。

欧盟核心素养研究对后续的核心素养研究具有重要的启示作用：①其核心素养框架针对知识经济的理念提出，因此核心素养与知识互相结合，八项中的前四项均与基本学科知识技能有关。核心素养具有易与中小学现有学科架构搭配整合的优点，若再辅以跨学科的课程活动，培养核心素养的方式将更加系统完整。此外，各能力所需的知识、技能与态度均做整体考量，叙述架构简洁。因适应于整个教育与培训体系，故未再区分不同学段的基本或进阶能力。②核心素养充分体现欧盟价值观。欧盟强调的欧洲价值观是基于对欧洲文化、历史及社会关系的认知，以及在共享的民主价值之上所建立的，欧洲价值观使得每个人自我认同为一个欧洲公民，拥有充分的就业、决策的参与以及富足的生活。核心素养必须能够使个体基于自身的兴趣、愿望和渴望去追求个人的生活目标，这是文化资本的体现。核心素养应该使每个人作为一名积极主动的公民参与社会事务，这是社会资本的体现。核心素养还应该使个体能够在劳动力市场中获得一份体面的工作。这是人力资本的体现。因此，核心素养实质上是文化资本、社会资本和人力资本三方面的共同体现。③强调对科技运用的批判与反省（林崇德，2016：69）。

欧盟和经合组织的核心素养内涵及框架存在一定的差异：①前者的核心素养是结果导向的，指明了其具体应用的领域与情境；后者的核心素养为过程导向,更加抽象和概括。②前者的核心素养框架由学科素养和跨学科素养两部分构成,后者的核心素养框架则只包含跨学科素养。③前者的核心素养与相应的知识、技能和态度的联系更加紧密、明确、具体;后者的核心素养尽管亦强调在具体情境中综合应用知识、技能和态度,但是其中的联系却相对松散、灵活和抽象(张华,2016:10—24)。

2.3.4 其他国家的核心素养框架

(1) 美国的核心素养框架

其他国际组织,如世界银行,以及美国、英国、法国、德国、芬兰、澳大利亚、新西兰等在分析本国、本地区的基本国情、区情的基础上,形成了适应本土的核心素养内容结构框架。美国提出的核心素养主要指所有学生或工作者都必须具备的能力,其培养目的主要在于培养具有21世纪技能和核心竞争力的人,确保学生从学校所学的技能能够充分满足后续深造或社会就业的需求,成长为新世纪中称职的社会公民、员工和领导者。

《美国21世纪学习框架》由学习与创新技能/素养,生活与职业技能/素养,信息、媒体与技术技能/素养等方面组成。其中,最广为传播和耳熟能详的是学习与创新技能/素养的4C模型,即审辨思维、创新、沟通、合作,这四个方面反映了21世纪人才标准的发展走向,在国际社会具有较为广泛的影响。在该模型中,审辨思维和创新侧重于认知维度,沟通与合作侧重于非认知维度。该模型的这两个维度要点虽少,但却因其覆盖面广而具有代表性。这为本书遴选关键少数核心素养提供了重要借鉴。将这四个方面的技能/素养简称为4C,极大地方便了人们的记忆和传播(魏锐等,2020:20—28)。

美国21世纪核心素养的研究,其外部动因在于职场素养标准化运动的推动,内部动因为能力为本的教育改革的延续与发展(林崇德,2016:70—75),提出了职场基本素养指标体系、学生基本素养指标体系、成人核心素养指标体系(林崇德,2016:72—75)等。21世纪核心素养具体指标及其内涵:在21世纪学习框架体系中,构成学生学习目标的主要内容有三个方面：学习与创新素养，信息、媒介与技术素养，生活与职业素养。学习与创新素养的指标为创造力与创新，内涵为在工作中展现创造和发明才能；能提出和实施新的想法，并把新想法传播给他人；对新的、不同的观点持开放的态度并积极回应；能实施有创意的设想，为发送革新的领域作出具体的、有益的贡献。学习与创新素养指标1为批判性思维与问题解决，其内涵为：能运用正确的推理来理解事物；能做出复杂的选择和决定；能理解系统之间的相互联系；能提出并确定有意义的问题，以澄清各种观点，求得更好的解决办法；能界定、分析和综合信息，勇于解决与回答问题。指标2为交流沟通与合作，内涵为：能够用口头和书面语的方式，清楚有效地表达设想和观点；能展现与不同团队有效合作共事的能力；有灵活性，为了达到共同的目标愿意做出必要的妥协；能协同工作，共同承担责任。信息、媒介与技术素养的指标1为信息素养，内涵为：能有效地获取有用信息，能批判地评估信息，能准确有创意地使用信息处理面对的问题或事件；对信息获取和使用的道德和法律问题有基本的理解。指标2是通信技术素养，内涵为：合理使用数码技术、通信工具和网络来访问、管理、整合、评估及创建信息，以便在知识经济中发挥功能；能将技术作为一种工具用于研究、组织、评估和沟通信息，并对围绕信息获取和使用的道德或法律问题有基本的理解。生活与职业素养的指标1是灵活性与适应性，内涵为：能适应不同的角色和职责；能在复杂和多变的环境中有效地工作。指标2是主动性与自我导向，内涵为：能监控自己的理解和学习需求；不满足于对基本技能和课程的掌握，探索和扩大自己的学习机会以获得专业知识；展现想要提高技能以达到专业水平的主动性；在没有直接监督的情况下，能（独立自主地）界定任务、确定其优先顺序，并完成任务；能有效利用时间，合理安排学习；展现对终身学习的信奉。指标3是社会与跨文化素养，内涵为：能与其他人和谐高效地工作；能适时地利用集体的智慧；能接受文化差异、使用不同的视角，提高创新性和工作质量。指标4是创作与责任，内涵为：能设定并努力达到高标准、高目标，按时完成高质量的工作；展现勤奋和积极的工作态度（如准时和信誉）。指标 5 是领导与负责，内涵为：通过人际交往和解决问题，影响和引导他人朝着目标努力；利用他人所长，实现共同的目标；表现出诚信和道德的行为；行动富有责任心，铭记社会的总体利益（林崇德，2016：75－79）。

21 世纪核心素养学习的内容体系中核心学科包括：英语、阅读与语言；国际语言；艺术；数学；经济；科学；地理；历史；政府与公民。21 世纪核心素养主题 1 为全球意识，具体内容为：①运用 21 世纪核心素养理解和重视全球化问题；②以互相尊重、开放对话的态度，在个人生活、工作或社交中，能与代表不同文化、宗教和生活习惯的人合作并向其学习；③理解异国文化，包括学会应用外语。主题 2 是理财素养，具体内容为：①懂得如何做个人的理财选择；②理解经济在社会中的地位；③运用创业素养来提高职场的生产力以及增强职业选择。主题 3 是公民素养，具体内容为：①通过了解和理解政府的工作流程来有效参与公民的生活；②行使地区、州、国家和国际等层面的权利和义务；③理解公民决策在本土与国际上的应用。主题 4 是健康素养，具体内容为：①获得、解释和理解基本的健康信息和服务，并懂得运用这些信息和服务来增进个人健康；②懂得身体和心理的保健措施，包括合理节食、营养、锻炼、躲避危险和释放压力；③运用可用信息以做出恰当的确保健康的决策；④建立并监控个人与家人的健康目标；⑤理解国家与国际上公共卫生与安全的问题。主题 5 是环保素养，具体内容为：①了解和理解有关环境及其影响因素的知识，尤其是与空气、气候、土壤、食品、能源、水和生态系统等有关的工作；②了解和理解社会对自然世界的影响（如人口增长、人类发展、资源消费率，等等）；③调查和分析环保问题，并提出有效的解决方案；④为了应对环境危机而采取个人和集体层面的行动（如参与全球化行动、设计鼓励环保行动的方案，等等）（林崇德，2016：75－80）。

21 世纪核心素养的内容体系远超出基本的读、写、算技能，它意指如何将知识和技能应用于现代生活情境。由此看来，21 世纪核心素养有两个基本内涵：第一，它是一种高级技能或素养，其对应范畴是"基本技能"，

尽管它从不否认后者；第二，它是情境关联的，是知识和技能应用于 21
世纪生活和工作情境的产物。基于这种认识，P21 项目开发出了详尽的
"21 世纪学习框架"。该框架由两部分构成：①核心学科与 21 世纪主题；
②21 世纪技能。前者侧重知识，后者侧重技能，二者相互依赖，彼此交
融。学习、信息和生活技能，唯有与核心学科知识建立联系的时候，才能
产生意义。反之，核心学科知识唯有通过 21 世纪技能而获得的时候，才
能被深入理解（张华，2016：10－24）。

　　美国 21 世纪核心素养研究的启示主要体现于：①整合政界、教育界、
商界等各界的力量，成立专门的核心素养研究组织。②从教育者、企业、
普通民众等多群体的调查中遴选核心素养。结合职业技术教育、企业、民
众的调查结果，21 世纪核心素养联盟最终确定了 4 项核心素养：交流、合
作、批判地思考、创造力，在此基础上，结合信息时代的特征，提出了信
息、媒介与通信技术素养，以及适应时代的生活与职业素养。当然，考虑
到与知识学习的关系，联盟又提出了核心学科与 21 世纪主题作为主要的
学习内容。在确定各项核心素养过程中，联盟主要采用调查的方式来展
开。这一方法的优点是调查的对象数量多，数据回收、整理和分析易操
作，值得借鉴。③核心素养研究在推进落实中不断深化。联盟提出的 21
世纪核心素养并非等到十分完善后才进行推进的，而是在推进的同时进行
深化。④以核心素养为旨趣的学习内容拓展。除了三大方面的核心素养
外，为了帮助学生更好地适应 21 世纪的生活，联盟专门提出了五大世纪
议题，这些议题实质上也是 21 世纪学生必须培养和发展的基本素养。如
何落实这些基本素养？一方面，学校教育中有独立而专门的主题学习活
动；另一方面，它也渗透进核心学科的学习中来得以实现。这一点也值得
我们借鉴。在建构核心素养的指标体系过程中，有必要考虑这些指标体系
可以通过哪些学习内容来得以落实。⑤注重在继承传统的基础上创新（林
崇德，2016：81－82）。

　　（2）英国的核心素养框架

　　英国核心素养的研究背景源自社会经济的发展推进和以能力为本教育

的深化与推进。2003年，该国发布的《21世纪核心素养——实现潜力》，对高中生应该掌握的核心素养进行了详细的界定，具体包括六个方面：交流、数字、运用信息技术、与他人合作、改善自学与自做、解决问题的技能。每种素养又分为不同的级别水平：一级、二级、三级（汪霞，2003：74）。其核心素养框架的启示为：①与时代和世界接轨。纵观英国关键能力的演变，无论哪个时期对关键能力的制定和推广，都是紧密结合当时的时代背景、社会发展和全球变化的。以时代发展为导向，使得核心素养极富有前沿性和预测性。针对社会变化对教育提出的要求，不断对核心素养的内容和要求进行调整与修订。②沟通职业要求与教育目标。③核心素养发展的灵活性和连贯性（林崇德，2016：89－98）。

（3）法国的核心素养框架

法国的核心素养研究源自教育系统的内部，种种问题与矛盾成为推动法国教育改革的内部动因。高科技产业的发展、社会的变革等对劳动者提出了更高的要求，需要具备各种基础知识、核心能力和正确态度的现代化人才。这是推动法国核心素养研究及相应的教育改革的根本动因。"学校未来全国讨论委员会"讨论"共同基础"（即核心素养）这一概念时确定了五条原则：第一，学校不是学生获得知识的唯一场所，人们只能要求学校做好它能做的事情；第二，人的一生中紧随初次教育的是终身教育，"共同基础"不能认为是终身受用的，而应是对今后不断学习有用的东西；第三，"共同基础"应确保学生能适应今天和今后几十年，并能坚定地面向未来；第四，为培养21世纪的自主的人、共和国公民和有能力的职业人士，知识、能力和行为规范教育，是重中之重；第五，已确定的重点和作出的选择，应符合现实，并能操作。该国颁发的《共同基础法令》中的核心素养是个体知识、能力与态度的综合，掌握核心素养就意味着学生有能力将所学知识运用到学校与社会生活中复杂的任务与情境中，学生拥有必不可少的工具，可以不断充实自我从而适应社会的变化；意味着学生能理解人类的巨大挑战、文化的多样性及人权的普适性、发展的必要性与保护地球的迫切需要（林崇德，2016：82－85）。

法国的核心素养指标体系如下：

核心素养 1 是法语素养，知识为掌握词汇、语法、拼写知识并适当背诵文学作品。能力是掌握阅读、写作、口头表达和使用工具书的能力。态度为培养学生在书面语和口头表达中力求准确、词汇丰富、表达流畅的态度，培养其对阅读的兴趣和参与交流、辩论的意愿。作为母语素质，最重要的是了解母语的历史、文化和文学经典，具有文化素养。

核心素养 2 是数学和科学文化素养，知识是掌握数字、运算、数据管理、几何和策略的基础知识。了解宇宙的构成（微观世界的原分子、生物细胞，宏观世界的行星、恒星、星系）；认识地球、物质的各种存在形态、生物的特点（细胞结构、生殖方式、生物机体的发展与运转、遗传与物种）；宇宙、物质和生物的相互依存、相互作用的关系；各种能量的存在和转化方式；人类对物质与能量的逐渐了解与控制；对人的认识（人种、基因、生殖、人体的构成和功能、人对生态系统的影响）；熟悉日常生活中的技术。能力为建立数学模型；逻辑推理、演绎、演算；使用适当的数学语言进行书面和口头交流；计算（简单数字的心算、笔算或使用计算器进行四则运算和乘方、开方的运算）；使用工具作图；制作表格；使用数学工具；在日常生活中利用数学知识分析解决问题；使用地图坐标等在空间中定位。态度为使学生保持好奇心，拥有开放和批判性思维，增强对科技进步的兴趣和道德意识，以及对自然环境、生命和健康的责任感。

核心素养 3 是人文文化素养，知识为地理坐标（自然地理与人文地理知识、欧盟地理特点、法国国土特点）；历史坐标（人类历史的不同阶段，欧洲历史发展，法国历史中的重大时代、重要事件和重要任务以及与世界史和欧洲史的关系）；欧洲文化（古典时期重要的文学历史作品，古代、现代与当代具有代表性的文学、美术、戏剧、音乐、建筑作品）；世界的复杂性（人权、文化与宗教的多样性、生产与交换的基本原则、世界化、世界的不平等和相互共存、可持续发展、政治文化因素、政治经济与社会的主要组织方式、国家的地位与角色、全球范围的冲突与防御）。能力为能够阅读和使用不同的语言和图像；能够确定某一事件、文学或艺术作品、科技发现产生的时间；能够使用地图确定某一空间；能够区分文化消费产品和艺术品；对现实敏感，能通过所掌握的知识理解现实事物的意义。态度为使学生愿意享受文化生活，同时培养他们对艺术品、法国和外国文化遗产、人类历史、文明和现实始终好奇和热爱的态度。

核心素养 4 是外语素养，知识为应掌握足够的词汇、基本的语法规则、发音规则和拼写或书写方法。能力为应能够进行日常交流，能听懂并能够口头表达简单的信息、理解简短文章的意思。态度为应该通过外语的学习促进对文化差异以及多样性的敏感度，愿意与外国人交流，使思维更加开放，能够理解他人的思想和行为方式。可以看出，法国的外语素养要求比较低。

核心素养 5 是信息通信技术素养，知识为对信息通信领域基本知识的学习，包括硬件组织构成、日常应用软件、信息处理和交流、文档文件整理、多媒体硬件的使用。能力为很快适应数字化工作环境；创造、处理和开发数据；查找信息和文献；沟通与交流。态度为培养对信息加强识别、批判和思考的审慎态度，在应用互动式信息工具时培养自己的责任感。

核心素养 6 是社会交往与公民素养，知识为了解集体生活规则和人类社会行为准则，知道什么行为是被允许的，什么行为是被禁止的；理解职业、公共和私人空间之间的区别；接受基本的性、健康和安全教育，学习基本的自救知识；学习法国和欧洲的历史，了解国家的象征（国旗、国徽、国歌），民主生活的基本规则（法律、选举、投票、拥护和反对权），共和国的基本价值观念，基本的法律概念，重要的国际组织，欧盟的组织机构和特点，以及法国社会、政治的基本特点（宪法原则、世俗原则、法国人口经济的基本数据、公共财政的框架、社会服务的运转）。能力为遵守规则，特别是学校内部的规则；能够在团队中进行沟通交流和合作，知道如何倾听、阐述、谈判、取得共识、完成任务；能够衡量自己行为的后果，表达和控制自己的情绪，以建设性的方式表现自我；能够在危险的情况下自救；应该具有判断力和批判精神，即能够分辨讲话或报道的主观性和片面性，能够分辨论证的合理性和武断性，学会对信息进行辨识、整理、分类和批评，懂得虚拟与现实之间的差别，认识大众媒体在社会生活中的地位与影响，能够提出、质疑和修改自己的观点。态度为应该懂得社会生活是建立在一系列原则的基础上，即尊重自己、尊重他人、尊重异性、尊重私人生活的原则，和平解决一切争端的原则；任何人都不能脱离他人独立存在、每个人都应该对集体有所贡献，具有对他人的责任感和帮助他人的团结意识；有权利和义务意识，对公共生活和社会重大问题感兴趣，意识到公民选举和民主决策的重要性，愿意参加公民活动。

核心素养7是独立自主和主动进取精神，知识为了解科学的学习过程，知道自己的优势与劣势；学习有关社会经济环境和各种职业、行业的基本知识。能力为能够运用科学的工作方法（合理安排时间、制订工作计划、记笔记、使用工具书、记忆、起草文件、口头陈述与汇报）；懂得遵守指令；能够严密思考，逻辑推理（辨识问题，提出解决方法，搜寻有用信息并记忆、分析、分类、组织、综合，对不同学科的知识加以灵活运用、辨识、解释和修改错误，尝试多种解决问题的方式）；懂得自我评估、自我培养；坚持不懈；能够在艺术、体育、文化或社会经济领域中设想、实施和实现个人或集体的计划，有能力界定计划实施步骤、寻找沟通与合作伙伴、吸取他人建议、交流信息、组织会议、做出决策、确定重点、承担风险。态度为自信，渴望成功，愿意承担责任并开发自己的潜力；有在学习和工作中投入自我与寻求机会学习提高的意识；在价值观和各种选择中愿意接受他人的有益影响；用开放性思维面对不同职业，意识到从事各种职业的人都有平等的尊严；培养在私人和公共生活与未来工作中的独立、好奇、勇于开创、主动出击和坚决果断的态度。核心素养涉及一整套价值观、知识、语言与实践，发展核心素养是建立在对学校的整体动员之上，并且需要学生的努力与坚决支持（林崇德，2016：85—88）。

法国核心素养研究的启示主要体现于：①政府的高度重视与支持；②基于草案的大范围意见征询；③与义务教育进行融合（林崇德，2016：88）。

（4）其他国家的核心素养框架

德国的核心素养内容主要指专业能力、社会能力和自主能力，其实践性相对而言较强（张海燕，2018：5）。在德国，梅滕斯最早于 1974 年从职业教育角度首先提出了关键能力的概念，即指那些与特定的专业技能不直接相关的知识、能力和技能，是在各种不同场合和职责情况下作出判断选择的能力，是胜任生涯中不可预见的各种变化的能力。关键能力可以理解为跨专业的知识技能和能力，由于其普遍适用性而不易因科学技术进步而过时或者被淘汰。德国对核心素养的界定分为专业能力、社会能力和自主能力三个方面。由于是从职业教育中发展起来的，其关键能力内涵和分类具有较强的实践性（林崇德，2016：20）。

澳大利亚"梅尔委员会"认为，核心素养是个人在学习、工作及生活环境中所需的能力，是对知识和技能的整合与应用体现，使个体未来能有效地参与工作与适应成人生活的社会环境。据此，该委员会提出了七大核心素养：收集、分析和整理信息的能力；交流思想和信息的能力；计划与组织活动的能力；与他人合作的能力；运用数学方法与数学技术的能力；解决问题的能力；使用技术手段的能力（靳玉乐等，2018：14）。

日本核心素养的研究背景主要在于教育改革的延续和日本的国情。日本提出的"21 世纪型能力"框架主要包括以下内容：第一，思维能力居于核心地位。具体来说，这种思维能力指每个人进行自学、自主判断，形成自己的想法，与他人交谈，比较并整合自己的想法，形成更好的见解，创造新知识，进而发现下一个问题的能力。思维能力由发现和解决问题的能力、创造力、逻辑思维能力、批判思维能力、元认知、适应力等构成。第二，支撑思维能力的是基础能力，即通过熟练使用语言、数字、信息等来实现目标和技能。第三，最外层是实践能力，它限定了思维能力的使用方法。所谓实践能力，指在日常生活、社会、环境中发现问题，并运用自己掌握的知识，寻找出对自己、社会共同体、社会有价值的解决方法，然后将这种解决方法告诉社会，与他人共同协商讨论这种解决方法，通过这种方式认识到他人与社会的重要性的能力。这里包含着调整自我的行动和自主选择生活方式的生涯规划能力，与他人进行有效交流的能力，与他人共同参与策划构建社会的能力，伦理道德意识和市民责任感等各项能力。

日本的核心素养框架研究的启示为：①将核心素养研究作为课程编制的原理；②重视实践经验，开展案例分析；③核心素养先导，年龄分段明晰。与联合国教科文组织有所不同，日本是以核心素养作为课程目标来引领课程改革的。因此，日本进行课程方案的建构时，都是将核心素养作为课程的目标，而后一步一步地细化，最后再通过具体的课程内容分配来进行落实。同时，各个年龄段的核心素养目标有所不同，这就为下阶段的核心素养培养工作奠定了基础（林崇德，2016：99－104）。

新加坡出台的《新加坡学生 21 世纪技能和目标框架》列出的核心素养包括：①核心层——品格与道德培养；②第二层——社交和情感技能；③最外层——面向全球化世界的关键能力，包括全球意识、跨文化技能、公民素养、批判思维和信息与通信技能（谷屹欣，2019：57－68）。

2.3.5 各类核心素养框架对比

荷兰学者 Voogt 等（Voogt & Roblin，2012：299－321，309）在对世界著名的八个核心素养框架进行比较分析以后，得出如下结论：①所有框架共同倡导的核心素养是四个，即协作，交往，信息通信技术素养，社会和（或）文化技能、公民素养；②大多数框架倡导的核心素养是另外四个，即创造性、批判性思维、问题解决、开发高质量产品的能力或生产性。这八大素养是人类在信息时代的共同追求，可称为"世界共同核心素养"。它们同时关注认知性素养和非认知性素养，体现了知识社会的新要求。我们倘若对它们做进一步提炼，可简化为四大素养，即协作、交往、创造性、批判性思维，由此构成享誉世界的"21 世纪 4C's"。其中，前两者属非认知性素养，后两者属认知性素养（张华，2016：10－24）。

黄四林等（2016：8－14）利用列表形式对比分析了国际组织、主要国家及地区的核心素养指标。首先，从总体上看，主要国际组织、各国家和地区核心素养指标体系的选取呈现出国际化的趋势，面向未来，以终身学习与发展为主轴。具体来看，沟通交流能力是所有国际组织、各国及各地区都重视的核心素养。此外，团队合作、信息技术素养、语言能力（包括母语能力和外语能力）、数学素养、自主发展（如独立自主、自我管理、学会学习）、问题解决与实践探索能力（如计划能力、组织与实施能力、创新与创造力、问题解决能力、主动探究能力）等也是多数国家（地区）都强调的核心素养。其次，各国际组织、各国及各地区在核心素养的选取上反映了社会经济与科技信息发展的最新要求。例如，信息技术素养、团队合作、学会学习、外语能力、社会参与和贡献、可持续发展意识、环境意识等都是主要国际组织、多数国家和地区高度重视的指标。最后，无论是国际组织还是各国及地区，都兼顾跨学科与学科指向的核心素养。其不仅重视沟通交流、团队合作、学会学习、独立自主等涉及能力、知识技能、态度和价值观等跨学科的综合表现，而且重视母语素养、外语素养、数学素养和科学素养等与具体课程密切相关的核心素养。

黄四林等（2016：8－14）提出国外关于核心素养研究的启示：①核心素养研究应采用整合型思路，综合使用质性研究与量化研究两种方法。②我国应以培养全面发展的人为价值取向来建构核心素养的理论与框架。在面对"21世纪需要培养什么样的人"的问题时，各国际组织、主要国家和地区根据自身政治、经济和文化制度的特征，分别形成了几种典型的价值取向。例如，美国以社会职业需要为价值取向，新加坡则以品德为价值取向来构建核心素养框架。从国际经验出发，我国应根据自身的实际情况，坚持党的教育方针，落实党的十八大提出的立德树人的根本任务，以培养全面发展的人为核心，构建我国学生发展核心素养的理论与框架。③核心素养指标内容主要涉及文化学习、自我发展和社会参与三大领域。国际上核心素养的内容维度主要汇聚在文化学习、自我发展和社会参与三大领域相关的素养方面。文化学习是适应未来社会的根本动力，自我发展是实现自我与推动社会健全发展的重要基础，社会参与则是个体实现自我价值与推动社会发展的根本保障。因此，我国学生发展核心素养的建构可以整合这三个领域素养，有效地实现个人发展、社会发展与国家发展相统一的目标，并促使各领域之间紧密联系、相互促进、互为基础、互相补充，在不同情境中整体发挥作用。④核心素养具体指标的遴选需兼顾时代性与民族性，国际组织和世界主要国家及地区在建构核心素养框架的过程中不仅强调面向未来、体现时代性，而且极为重视自身政治、经济和文化的特殊性，具有明显的本土化特色。因此，我国学生核心素养具体指标的选取，不仅要重视适应全球化与信息化时代所必需的关键素养，同时应该重视传承中华优秀传统文化中的思想精华，把核心素养研究植根于本民族的文化历史土壤之中，体现民族性。

2.4　核心素养的特点

综合国内外学者的研究成果，可以将核心素养的特点总结如下：

① 普适性。核心素养的普适性主要体现于该素养在社会生活、工作与学习中都是不可或缺的共同底线要求，并不指向某一特定领域或学科的具体问题，而是强调个体具有核心素养从而更好地适应未来社会的发展，提升自己的生存价值（李艺、钟柏昌，2015：17－23，63）。

② 系统性。核心素养具有系统特性，其内部各指标之间相辅相成、相互交织。作为整体的核心素养培养必须具有系统性，才能在实践中发挥整体功能（柳夕浪，2014：5－11；蔡清田，2015：5－9）。

③ 动态性。核心素养的动态性主要体现于其是可教可学的。核心素养的培养是一个循序渐进的过程，不可能一蹴而就，不仅局限于学校教育，更延伸至在社会生活中与真实情景语境的互动。另外，核心素养可以通过培养逐渐丰富完善，也可以逐渐消失。

④ 统整性。核心素养的统整性主要体现于两个方面。一是其内涵包括了知识、能力、态度、价值观和情绪等，是各子集的集合体。核心素养不只涵盖传统教育领域的知识和能力，还包含态度、价值观和情绪，超越了知识和能力二者之间的二元对立，凸显了态度的重要作用。二是核心素养统整了个人和社会二者的需求，不仅促进个人的发展，亦推动了健康社会的形成，将个人发展与社会进步统一起来（辛涛等，2013：5－11；张华，

2016：10—24)。

⑤ 可教性与可学性。核心素养不仅可以规划、设计、实施、教学与评价，而且必须经由学习过程进行培养。换言之，素养都可以通过学校教育与课程设置使学生获得，并且在他们完成学习后进行相应的评价（蔡清田，2011a：84—96；2011b：1—27；2011c：5—14)。

⑥ 时代性。核心素养的时代性指其是因应信息时代需要而诞生的新兴能力，符合新时代发展趋势（张华，2016：10—24)。

⑦ 跨领域性。核心素养的跨领域性既指其超越学科边界的跨学科性，又指其应用于不同情境的可迁移性，还指其连接学科知识与生活世界的可连接性（张华，2016：10—24)。

⑧ 复杂性。核心素养的复杂性既指其立足复杂情境、满足复杂需要的特性，又指其为复杂的、高级的心智能力，即"心智的复杂性"（张华，2016：10—24)。

2.5　核心素养的维度与研究思路

靳玉乐等（2018：21—25）指出，综合国内外相关组织、国家和地区的研究成果来看，核心素养的划分主要依据三个维度：人与工具、人与自我、人与社会。

第一个维度是人与工具，指个人能够运用语言、符号、信息技术等进行有效互动的核心素养。该维度包括两个向度：语言运用，信息收集与处理。该论点的基本思路和理念是科学的。然而需要指出的是，近几十年来，互联网信息技术迅速提高，使得手机、电脑和各种虚拟交际工具得到普及，为多元文化间的频繁互动和相互渗透提供了多种渠道，人类交际更多借助图片、声音和文字等多种模态的综合使用，日益呈现多模态特征。在多模态化交际中，语言只是生成意义的一种模态（Kress & Van Leeuwen，2001：1)，其中心地位逐渐被解构，其他符号资源在生成意义的不同模态中所占比重不断增加。使用多种意义表征和交流资源生成意义，已成为现代人应具有的基本能力。因此，人与工具维度可以说是包含多模态运用和信息的收集与处理。多模态运用指交际者能够掌握各种模态的基本知识和基本规则，在不同的语境中选择合适的模态进行交流。信息素养指人们在信息社会中运用现场信息技术获取、利用、开发、评价和传播信息的修养与能力，包括信息意识、信息知识、信息能力、信息道德四个层面（靳玉乐等，2018：21—22）。

第二个维度是人与自我。该维度是作为具有社会性的个人，应该能够明晰自己的能力与目标、了解自己的权利和义务，以为自身更好地适应现代生活奠定基础。在现代社会发展过程中，人只有认清自己，才能够更好地生存与发展。该维度包括四个向度：自我理解、反思能力、创新精神以及实践能力。①自我理解，指个体对有关自己的思想和态度认知的概念系统，是对行为、感觉、思想等相关信念、态度的一定水平意识或认知。人对自我的基本理解，是人作为"人"的理念基础，"人"只有充分了解自身的社会性存在，才能够更好地生存与发展。自我理解素养包括生理自我理解、心理自我理解与社会自我理解三个层面。②反思能力，指拥有自我反思的情感和意志力，对个体所见、所闻、所经历的事情具有批判性和探究性思考的能力，是反思活动能够顺利展开的心理素质特质的综合体。反思能力素养主要包括自我意识、批判性、探究性、意志力和自我评估几个层面。③创新精神，指个体在从事创新活动过程中所表现出来的智识和品质，是一种较为稳定的、积极的心理倾向，是一种勇于对旧思想旧事物进行质疑、创造新思想新事物的精神。④实践能力，指学生运用知识、技能顺利解决实际问题时的生理特征和心理特征的综合（靳玉乐等，2018：23—24）。

第三个维度是人与社会。该维度指人在社会生活当中为适应现代社会环境所表现出来的基本能力。人是社会性动物，只有存在于社会生活场域之中才能够称其为人，包括三个向度：合作参与、社会责任和国际理解。①合作参与，指学生在学习、生活或社会关系中，为追求共同的目标，为了确保任务的顺利完成，以一种协调的方式一起行动而表现出来的个人态度、技能和品质的总和。②社会责任，指学生自己承担与他人（家庭）、集体、社会、自然等方面的关系中应有的职责、任务和使命的情感态度和行为表现，其核心是学生认识到自己是对社会的发展有用的人。该素养包括诚信友善、勇于担当、法制意识、生态意识四个层面。③国际理解，指理解与欣赏本国及世界各地的历史文化，并深切地体认世界为一个整体的地球村、营造多元文化共存、和平安定的人类生活环境的一种世界观，其主要表现是个体对于国际动态、多元文化、人类共同命运等方面的关切和认知（靳玉乐等，2018：24－25）。

黄四林等（2016：8－14）总结了核心素养研究思路与方法的国际经验，指出三种主要研究思路为自上而下型、自下而上型及整合型，两种主要研究方法为质性研究与量化研究。三种研究思路各有特色：自上而下型研究思路主要基于演绎推理范式；自下而上型研究思路主要基于归纳推理范式；整合型研究思路则同时吸收前两种思路的优点，既关注核心素养的理论分析，又反映民众的意见和期望，成为当前国际上开展核心素养研究的理想范式。在具体研究方法上，以文献分析为基础，结合问卷调查法与征询意见法等方式的综合运用，则是各国际组织、国家和地区采用的主要方法。

2.6 核心素养的价值与取向

靳玉乐等（2018：25－27）总结了核心素养的价值：①适应社会诉求与技术发展。②关注终身学习和全面发展。全面发展和终身学习是素质教育的根本宗旨，是各国制定核心素养的基本价值取向。③促进自我认同和自主行动，即帮助学生建立明确的自我概念以及促使他们把自身的需要和愿望转化为有目的的行动。④重视生活品质与生存质量。

黄四林等（2016：8－14）分析了核心素养框架价值取向：21世纪核

心素养研究中出现了几种相对有代表性的价值取向，包括以培养完整的人为导向的价值取向、以终身学习为导向的价值取向、以德为核心的价值取向，以及以未来职业需求为导向的价值取向等。

2.7 小结

国际范围内的激烈竞争呼吁新型人才的培养，核心素养概念顺势而生。在经合组织提出核心素养这一术语之后，众多的国际组织、国家、地区和学者纷纷展开核心素养的研究，从不同的国情、地区实际情况出发，提出了核心素养的不同内涵、概念与框架，均具有地区特色，为我国的核心素养研究提供了启示。核心素养具有普适性、系统性、动态性、统整性、可教性与可学性、时代性、跨领域性和复杂性等特征，具有自己独特的维度和研究思路以及价值取向，这些属性在核心素养研究中成为不可规避的课题。

第三章　核心素养的国内研究现状

在关于核心素养研究的国际潮流中，我国的研究虽然起步较晚，但是后来居上，在国家制度保障、学术研究和实践层面均取得了令人瞩目的成就。鉴于我国相关研究的丰富性和多样化，本章单独列出我国政府和学者在该领域的主要代表性论述。

3.1　国家制度层面

我国的核心素养探索之路相较于国外更为久远。1985 年，中共中央颁布《关于教育体制改革的决定》，明确提出提高民族素质是教育体制改革的根本目的，教育要多出人才，出好人才。1993 年，中共中央、国务院出台《中国教育改革和发展纲要》，要求中小学从应试教育向全面提高国民素质转向。1994 年，中共中央发布《中共中央关于进一步加强和改进学校德育工作的若干意见》，首次正式提出"素质教育"这一概念，并将其作为开展教育工作的指导。上述一系列文件的颁布表明我国正式进入了素质教育的时代。

1999 年，中共中央、国务院颁布《中共中央国务院关于深化教育改革全面推进素质教育的决定》，提出全面推进素质教育，培养适应 21 世纪现代化建设需要的社会主义新人，指出实施素质教育就是全面贯彻党的教育方针，以提高国民素质为根本宗旨，以培养学生的创新精神和实践能力为重点，培养"有理想、有道德、有文化、有纪律"的德智体美劳等全面发展的社会主义事业建设者和接班人。素质教育应当贯穿于幼儿教育、中小学教育、职业教育、成人教育、高等教育等各级各类教育，以及学校教育、家庭教育和社会教育等各个方面，在不同阶段和不同方面应当有不同的内容和重点，相互配合，全面推进。

2001年，《国务院关于基础教育改革与发展的决定》发布，提出深化教育教学改革，扎实推进素质教育。该文件进一步强调：实施素质教育，必须全面贯彻党的教育方针，端正教育思想，转变教育观念，面向全体学生，加强学生思想品德教育，重视培养学生的创新精神和实践能力，为学生全面发展和终身发展奠定基础。实施素质教育，促进学生德智体美劳等全面发展，应当体现时代要求。要使学生具有爱国主义、集体主义精神，热爱社会主义，继承和发扬中华民族的优秀传统和革命传统；具有社会主义民主法治意识，遵守国家法律和社会公德；逐步形成正确的世界观、人生观和价值观；具有社会责任感，努力为人民服务；具有初步的创新精神、实践能力、科学和人文素养以及环境意识；具有适应终身学习的基础知识、基本技能和方法；具有健壮的体魄和良好的心理素质，养成健康的审美情趣和生活方式，成为有理想、有道德、有文化、有纪律的一代新人。

为促进教育事业科学发展，全面提高国民素质，加快社会主义现代化进程，中共中央、国务院于2010年颁布《国家中长期教育改革和发展规划纲要（2010—2020年）》，将"坚持以人为本、全面实施素质教育"作为教育改革发展的战略主题和贯彻党的教育方针的时代要求，其核心是解决好"培养什么人、怎样培养人"的重大问题。工作方针提出，把教育摆在优先发展的战略地位，把育人为本作为教育工作的根本要求，把改革创新作为教育发展的强大动力，把促进公平作为国家基本教育政策，把提高质量作为教育改革发展的核心任务。战略主题强调坚持德育为先，坚持能力为重，坚持全面发展。

《国家中长期教育改革和发展规划纲要（2010－2020年）》分别从德育为先、能力为重、全面发展三个方面，对教育应该培养学生哪些核心素养作出了规定：一是坚持德育为先。引导学生形成正确的世界观、人生观、价值观；培养学生团结互助、诚实守信、遵纪守法、艰苦奋斗的良好品质。树立社会主义民主法治、自由平等、公平正义理念，培养社会主义合格公民。二是坚持能力为重。优化知识结构，丰富社会实践，强化能力培养。着力提高学生的学习能力、实践能力、创新能力，教育学生学会知识技能，学会动手动脑，学会生存生活，学会做人做事，促进学生主动适应社会，开创美好未来。三是坚持全面发展。加强体育，加强心理健康教育，促进学生身心健康、体魄强健、意志坚强；加强美育，培养学生良好的审美情趣和人文素养。加强劳动教育，培养学生热爱劳动、热爱劳动人民的情感。重视安全教育、生命教育、国防教育、可持续发展教育。促进德育、智育、体育、美育有机融合，提高学生综合素质，使学生成为德智体美劳全面发展的社会主义建设者和接班人。

党的十八大报告指出，坚持教育为社会主义现代化建设服务、为人民服务，把立德树人作为教育的根本任务，培养德智体美劳全面发展的社会主义建设者和接班人，明确强调了教育的本质功能和真正价值，也指明了我国教育改革发展的目标和方向。党的十八届三中全会则要求，全面贯彻党的教育方针，坚持立德树人，加强社会主义核心价值体系教育，完善中华优秀传统文化教育，形成爱学习、爱劳动、爱祖国活动的有效形式和长效机制，增强学生社会责任感、创新精神、实践能力（林崇德，2016：前言1－2）。

2014年，教育部正式印发《关于全面深化课程改革 落实立德树人根本任务的意见》，要求充分认识全面深化课程改革、落实立德树人根本任务的重要性和紧迫性，提出深化课程改革、落实立德树人根本任务具有重大意义。立德树人是发展中国特色社会主义教育事业的核心所在，是培养德智体美劳全面发展的社会主义建设者和接班人的本质要求。课程是教育思想、教育目标和教育内容的主要载体，集中体现国家意志和社会主义核心价值观，是学校教育教学活动的基本依据，直接影响人才培养质量。该意见明确提出各学段学生发展核心素养体系，明确学生应具备的适应终身发展和社会发展需要的必备品格和关键能力，突出强调个人修养、社会关爱、爱国情怀，更加注重自主发展、合作参与、创新实践。该文件的颁布为全面推进课程改革提出了新要求，为核心素养理论的深入研究和实践开展指明了方向，教育发展进入以核心素养培育为主题的新阶段（靳玉乐等，2018：12）。这也是首次在国家课程改革的重要文件中明确使用核心素养一词，体现了以人为本，尤其是以学生核心素养发展为本的教育改革思路，意味着党和国家把学生核心素养的培养问题放到了前所未有的高度（林崇德，2016：前言1—2）。

3.2 国内核心素养内涵研究

国内学者就核心素养的相关课题做出了卓有成效的研究。最早针对核心素养进行理论研究的学者是蔡清田。在其2012年出版的《课程发展与设计的关键DNA：核心素养》（蔡清田，2012）著作中，蔡清田建构了核心素养的特质、选择、框架、功能和培育的理论体系。

3.2.1 素养及其定位

素养的英语一词为"competence"，源自拉丁语"cum（with）"和"petere（to aspire）"，指伴随着某事件或某人的知识、能力与态度（蔡清田，2012：3—8）。换句话说，素养是个人为了健全发展并发展成为一个健全的个体，从而因应社会的复杂生活情景需求所不可或缺的知识、能力和态度（蔡清田，2011a：84—96；2011b：1—27）。此处需要特别注意的是，就意义的界定而言，素养是个人与内外情景互动，尤其是与外界进行合理而有效的沟通或互动所需具备的条件（Inglis & Aers，2008）。

3.2.2　素养、知识、能力与态度

从上述素养的概念可知，素养是一个统整性概念，包含知识、能力和态度，却又不等同于其中任何一项。素养特别指可以经由课程教学引导和学习获得的优良素质（蔡清田，2011a：84－96；2011b：1－27；2011c：5－14；2011d：203－217）。

素养与能力不同。素养的内涵蕴含知识、能力和态度的组合，具有多维度和多层面性，而能力一般指能胜任某项任务的主观条件（中国社会科学院语言研究所词典编辑室，2005：990）。相较而言，素养一词比能力更为全面，更能够反映或者说体现当今社会对高素质人才的需求。素养与知能（即知识和能力的统称）不同，素养涵盖了态度情感，不只是知能涉及的学科知识或者相关领域知识以及基本能力（蔡清田，2012：3－8）。

林崇德（2016：26－27）论述了素养与能力的区别，认为能力一词在工业社会背景下曾经得到人们的广泛使用，可以理解为个体所具有的、能胜任某种活动的实力，或者是能够开展或胜任某一项工作的技术能力（张佳琳，2000：54－61）。它可以是先天遗传下来的，也可以是由后天学习得到的，其范围比较狭隘而不完整，尤其是不包含态度、情感等层面。相对而言，素养要比能力的内涵更为宽泛，它不仅包括能力，还包括知识、态度、情感、价值等层面。核心素养这一提法，可以涵盖能力、态度与价值观、知识技能等方面，可以超越我国传统教育中狭义的能力观，转变过去观念中重知识、认知技能，轻态度、价值观等非智力因素的现象（林崇德，2016：28－29）。

3.2.3　核心素养的定义

核心素养是指较为核心而重要的素养，是个体为了发展成为一个健全个体，必须适应生活情境需求，所不可欠缺的知识、能力与态度的国民全方位的核心素养（林崇德，2016：8）。核心素养指涉每一个人都需要的必要素养，是完成个人之自我实现与发展、社会参与以及沟通互动所需的重

要素养（蔡清田，2012：13—14）。

有的学者将核心素养的定义与学习相结合，例如施久铭（2014：33—37）将核心素养定义为：不是只适用于特定的情境、特定学科、特定人群的素养，而是适用于一切情境和所有人的素养，这便是核心的含义。核心素养是一种跨学科的素养，强调各学科都可以发展的、对学生最有用的品质和能力。林崇德（2016：29—30）阐释了核心素养概念的内涵，指出核心素养是学生在接受相应学段的教育过程中，逐步形成的适应个人终身发展和社会发展需要的必备品格与关键能力。它是关于学生知识、技能、情感、态度、价值观等多方面要求的结合体；它指向过程，关注学生在其培养过程中的体悟，而非结果导向；同时，核心素养兼具稳定性与开放性，是一个伴随终身可持续发展、与时俱进的动态优化过程，是个体能适应未来社会、促进终身学习、实现全面发展的基本保障。核心素养不仅能够促进个体发展，而且有助于形成运行良好的社会。

核心素养亦可称为"21世纪素养"，指的是人在信息化时代背景下解决复杂和不可预测情境的高级能力。核心素养就是基础性的素养，超越了以往对素养的界定，体现了综合性、时代性、复杂性等特征。在此基础上，成尚荣（2015：21—28）借鉴欧盟的核心素养定义，将核心素养定义为在特定的情境下，知识、技能与情感态度三方面的综合，用以解决复杂问题。

核心素养的内涵会因国家的教育传统、教育理念及培养目标的不同而有所差异，但是由于国际一体化的进程，当前对各国公民的素养要求又呈现趋同的趋势（张海燕，2018：4）。

3.2.4 核心素养的定位

核心素养不仅是共同的素养，而且是更具有关键的、必要的、重要的等核心的价值，因此称为核心素养，是个人活动、成功生活与社会健全发展的关键的素养、必要的素养、重要的素养（蔡清田，2011b：1—27）。核心素养代表社会中所有个人成员应普遍达到的共同的层次，核心代表应该达成层次的最低共同要求，具有共同特质，是每一位社会成员都必须学习获得与不可或缺的核心而关键且必要的重要素质。一个人终其一生一定需要许许多多的素养，以因应各种社会领域生活之所需，核心素养指那些所有社会成员都应共同具备的素养，而且这些所有社会成员都应该共同具备的素养，可以再区分为比较关键的、必要的、重要的而且居于最核心地位的素养，以及由居于最核心地位的素养所延伸出来的其他相关素养，这些居于最核心地位的素养称为核心素养（蔡清田，2011d：203—217）。

核心素养的含义较之于知识和技能等而言更加宽广。核心素养不指向任何单一学科领域，其目的不是仅满足于基本的生活需求，而是强调个体积极主动地获取必备的知识和技能，追求生活目标，促进个人发展和有效参与社会活动。而知识与技能主要指向具体学科领域的知识或者听说读写等基本技能，解决日常的生活、学习和工作中的基本问题。另外，核心素养比能力的含义更加广泛，除了传统意义上的教育领域的知识和能力外，还包括学生的情感、态度和价值观等。这一含义更加完善、系统地反映教育目标和素质教育理念，可以纠正过去重知识、轻能力以及忽略情感态度价值观的教育偏颇。此外，核心素养依赖后天的学习，具有可学性，突出的是个人发展和社会进步的结合；而能力是先天遗传和后天学习的共同结果，偏重于个人发展，轻视与社会的交互作用。最后，核心素养的功能超出了"职业""学校"的范畴，其目标不仅仅在于帮助学生升学或者就业，更是为了帮助学生发展成为更为健全的个体，更好地适应未来社会的良好运转，促进其终身学习和终身发展（辛涛等，2013：5—11）。

核心素养与专门素养不同。专门素养，又称专门职业素养或专门行业素养，简称专业技能。其知识、能力、态度是某种特定职场所需的特定素养，亦即专门素养，可能是在学校期间学习所获得的专门领域学科核心能力或专业职能。这种专门素养或称为专门领域学群核心能力，亦可称作进入特定职场的门票（陈柏霖、孟恬薪，2010）。但是值得注意的是，大学往往过于强调专门教育，重视知识与能力，但是忽略态度的重要性，因此所培养的学生虽然具有专门知识与能力，却缺乏适当态度之教育素养。有人态度不佳，甚至可以说是欠缺敬业乐业的专门素养，这说明个人有知识能力，但是缺乏适当态度，可能欠缺自我要求的自主行动与有利于群体社会参与等素养，可见，素养不等同于能力，个人有知识能力，但是缺乏适当态度，可能会危害社会，甚至知识能力越强而缺乏适当态度，则其对社会的危害更大（蔡清田，2012：76－77）。核心素养与专门素养的核心能力是相辅相成的，前者属于个人发展的基础，后者则是个人专业发展的要件。一个人拥有厚实的核心素养，就能使自己的专业能力发挥加乘的作用。所以，一个人不能只有专业能力而没有核心素养，也不能只有核心素养而缺乏专门素养的核心能力。培养学生核心素养，是每一个教育工作者的责任。倘若能够发展每一位学生扎实的核心素养，将会奠定学生未来成功发展的基础（吴清山，2011：1－3）。

张华（2016：10－24）讨论了核心素养与基本技能之间的关系。首先，基本技能与基本知识（所谓"双基"）不是凝固不变、普遍有效的，而是随时代变迁不断发展、变化的。其次，核心素养与传统的"双基"是一种包含、融合和超越的关系，而非简单叠加。核心素养并不排斥传统"双基"。最后，"双基"的学习方式需根据核心素养的要求而发生根本改变。

要理解核心素养这一概念，把握核心素养的本质，需要关注以下几点：第一，核心素养是"关键素养"，不是"全面素养"。第二，核心素养要反映"个体需求"，更要反映"社会需要"。核心素养框架的确定必须具有时代性与前瞻性。从全球范围来看，国际组织、一些国家和地区在核心素养指标的选取上都反映了经济社会发展的最新要求，强调创新与创造力、信息素养、国际视野、沟通与交流、团队合作、社会参与及社会贡献、自我规划与管理等素养，这些指标内容虽不尽相同，但都是为了适应21世纪的挑战。第三，核心素养是"高级素养"，不是"低级素养"，甚至也不是"基础素养"。核心素养之所以是"高级素养"，有两个原因：①核心素养是跨学科的，高于学科知识；②核心素养是综合性的，是对于知识、能力、态度的综合与超越。核心素养作为"关键少数"的"高级素养"，甚至也不是"基础素养"。例如，身体素质对于人的生存与发展至关重要，可以视为"基础素养"。但因为"太基础"了，国外的核心素养框架中几乎都没有将之列入。另外，传统的"读写算"等"基础素养"也未被纳入其中。第四，核心素养要反映全球化的要求，更要体现本土性的要求（褚宏启，2016：1—3）。

3.2.5 核心素养的特征

蔡清田（2012：17—19）指出，核心素养的特质主要体现于：核心素养具有多元面向、多元场域、多元功能、高阶复杂、长期培育等"三多元一高一长"特质。核心素养的选择具有关键的、必要的、重要的三个核心价值条件，且核心素养最好质精量少。

核心素养是一系列多元面向组合的综合整体，每项核心素养均涵盖知识、能力与态度层面，具备促进个人实现与社会发展之多元功能、具有跨越各种社会场域与学习领域之广度、牵涉到反省思考的高阶心智及复杂行动学习的高阶复杂之深度、必须通过不同阶段的长期培育等特质（Rothwell & Graber，2010）。

成尚荣（2015：21—28）将核心素养定位于基础性。基础性便是其根本的特性，只有在基础性上才能掌握核心素养研究的脉络。

3.2.6 核心素养的功能

核心素养概念的演变与人类进步和社会发展密切相关，是社会生产力与生产方式发展变化的产物，是人才培养的关键途径，是培养自我实现与社会和谐发展的高素质人才的基础。各国际组织、国家和地区的核心素养虽然不尽相同，但是其理念一致，均重视公民的关键的、必要的、重要的素养，并且都强调核心素养的获得是一个持续的、终身的学习过程（林崇德，2016：1—2）。

核心素养是一个复杂的结构体，具有多维度性，既强调知识，又突出能力和态度等的重要性。没有正当态度的人，无论能力多高，都称不上具备"素质"。另外，素养突破了传统知识和能力的桎梏，能纠正过往的重知识和能力，而忽略态度的教育偏颇（蔡清田，2010b：93－104）。这与《国家中长期教育改革和发展规划纲要（2010－2020年)》提出的促进人的全面发展、适应社会需要的教育质量根本标准一致，有利于在实际教育教学工作中培养德智体美劳全面发展的社会主义建设者和接班人，完成党的十八大报告所强调的"立德树人"的教育工作根本任务。核心素养的形成与发展是个不断丰富、优化的动态模式。从个体层面来看，人的素养不是与生俱来的，它有一个形成、发展和逐渐趋于成熟的动态过程，即个体的核心素养是在动态的教育过程中不断丰富和发展起来的；从社会层面看，社会的发展是不断递进超越的进程，它对人才的需求也随之重组更新，而核心素养的内容化也就与之齐头并进，具有鲜明的时代性，这也是其生命力和活力的彰显。总之，核心素养的内涵具有指向未来、不断优化发展的动态性（林崇德，2016：11）。

核心素养可以使个人拥有良好的、成功的生活。这种成功的生活表现为与他人具有亲密的关系，理解自我和自我所处的世界，与自身的生理和社会环境自主互动，拥有成就感和愉悦感。同时，核心素养对多样的社会和个人均具有包容性，它回答的问题是：普通人要想在社会中安身立命，同时又能应对日新月异的技术发展，需要哪些素养（林崇德，2016：14）。

林崇德（2016：22－23）指出核心素养能够发挥多项功能，是对每个人都具有重要意义的素养。一方面，核心素养可以帮助个人满足各个生活领域的重要需求，有助于个体的升学、就业、融入主流社会、终身发展与自我实现等；另一方面，它还可以帮助个体进行社会参与和与异质性群体互动，以达到共同目标，促成社会经济繁荣、政治民主、尊重人权与世界和平、生态持续性发展等人类理想的实现。

综上所述，核心素养代表社会成员应该达成的共同的素养，具有关键的、必要的、重要的、共同的特质，亦即核心素养是个人处于社会中必须具备的关键的素养，不但是个人生活必需的素养，也是现代社会公民必备的条件，更是社会发展不可或缺的人力资本的重要素质。然而，需要指出的是，核心素养是每个想成为优质的人所需要的素养，不是每个人必须具备的素养，有些人不具备某种素养，或者某种素养比较低，不能说其是不成功的人。

3.3　国内核心素养框架研究

辛涛等（2013：5－11）总结了国际核心素养内容特点与遴选方式：①指标选取存在共同的国际化趋势。某些素养在许多国际组织、国家及地区中都被提及，主要包括沟通交流能力、团队合作、信息技术素养、语言能力、自主发展、数学素养、问题解决与实践探索能力（如计划、组织与实施能力、创新与创造力、主动探究能力）等。②指标选取都反映了社会经济与科技信息发展的需求。③核心素养均涵盖了知识、能力、态度和价值观等，兼顾了教育不同阶段的课程，亦重视语言、数学、科学等与具体学科密切相关的核心素养。情感、态度和价值观等主要包括公民意识、尊重与包容、自信心、情感智力和法律意识等。最后，核心素养的确立既顺应国际教育发展的潮流，又立足本地的历史文化的具体要求。

蔡清田（2012：85－86）指出：界定与选择核心素养，重点不在于建立一套具有唯一标准性的核心素养的架构，而是要提供一套参考架构，让其他学者、研究团队或各个国家政府作为界定与选择的参考，使其核心素养的架构更具理论与实践价值，能够适用于情景脉络中，特别是协助个人获得优质生活，以获得成功的个人生活，进而建立功能健全的社会。

3.3.1　蔡氏核心素养框架

蔡清田（2012：84－85）指出，核心素养分为能自律自主地行动、能在异质社群中进行互动和能互动地使用工具沟通等三大类组，每一大类组之下再各分为三群组，分别是：能自律自主地行动之下的能在宏观开阔而图像远大的环境脉络中进行行动，能规划并执行生活的与个人的人生计划，能捍卫、维护与伸张自己的权利、利益、限制与需求；在异质社群中进行互动时能与他人建立优质人际关系、能参与团队合作、能解决冲突；在互动地使用工具沟通时能互动地使用语言、符号与文本，能互动地使用知识与资讯，能互动地使用科技。

蔡清田（2012：123—126）讨论了核心素养的功能：就核心素养的功能而言，核心素养具有个人发展自我实现以及社会发展等双重功能；核心素养可作为教育目标之重要来源；可以协助个人获得成功的个人生活，进而建构功能健全的社会。可从成功的个人生活及功能健全的社会来看待核心素养的功能，其教育功能便在培育优质的国民，透过个人发展的个人功能以及社会发展的社会功能，以协助个人获得成功的个人生活，并可以透过个人的社会行动转型，进而建构功能健全的社会。

3.3.2 林氏核心素养框架

林崇德（2016：21）综述了中国台湾地区对核心素养的界定，其核心素养层面包括：①能互动地使用工具，具体内容包括：阅读理解；数学概念与技术运用；审美能力；沟通表达；使用科技资讯；学会如何学习。②能在异质社会团体中互动，具体内容包括：国际理解；多元包容；社会参与与责任；尊重与关怀；团队合作；处理冲突。③能自主地行动，具体内容包括：反省能力；创新思考；独立思考；了解自我；问题处理；主动探索与研究；使用科技资讯；组织与规划能力。④展现人类的整体价值并建构文明的能力，具体内容包括：形式的逻辑能力；哲学思想能力；与生活相关的逻辑能力；社会正义；规范相关的逻辑能力；意志价值追求相关的逻辑能力；工具理性。

林崇德（2016：19—20）提出，具体来说，核心素养包括以下七项关键能力：收集、分析与组织信息的能力；沟通观念与信息的能力；规划与组织活动的能力；与他人合作及在团体中工作的能力；运用数学概念及技巧的能力；运用科技的能力；解决问题的能力。

3.3.3　21世纪核心素养5C模型

魏锐等（2020：20—28）提出了21世纪核心素养5C模型，该模型的主要特征如下：①创造性地引入文化理解与传承素养，为其他核心素养提供了价值引领。②模型具有系统性，各项素养既各有侧重，又相互关联，从不同角度刻画了新世纪新型人才必备的核心素养。③框架具有鲜明的层次性，细致描述每项素养内涵，对素养的理解和阐述更加深入。④精选素养的行为表现，为开展素养的培养、评价与实践提供借鉴和指引。

21世纪核心素养5C模型结构框架包括文化理解与传承素养、审辨思维、创新素养、沟通素养和合作素养，各素养又包括数量不等的素养要素。

文化理解与传承素养包括文化理解，其内涵描述为：对文化的基本内涵、特征及其历史渊源和发展脉络、不同文化的共性与差异及其相互影响的体验、认知和反思；文化认同，其内涵描述为：一个社会共同体的成员对特定文化环境中的审美取向、思维方式、道德伦理、行为或风俗习惯等的认可和接纳；文化践行，其内涵描述为：一个社会共同体的成员对于其所选择和认同的生活方式、文化观念和价值原则等在现实生活中主动加以实践、传承和改造、创新（刘妍等，2020：29—44）。

审辨思维包括质疑批判，其内涵描述为：既包括不轻易接受结论的态度，也包括追根究底的品格；分析论证，其内涵描述为：强调基于证据的理性思考，能进行多角度、有序的分析与论证；综合生成，其内涵描述为：在分析的基础上进行系统整合与重构，形成观点、策略、产品或其他新成果的过程；反思评估，其内涵描述为：基于一定标准对思维过程、思维成果以及行动进行监控、反思、评估和改进，促进自我导向、自我约束、自我监控和自我修正（马利红等，2020：45—56）。

创新修养包括创新人格，其内涵描述为：具有好奇心、开放心态、勇于挑战和冒险、独立自信等特质；创新思维，其内涵描述为：通常包括对开展创新活动有帮助的发散思维、辐合思维、重组思维等；创新实践，其内涵描述为：参与并投入旨在产生新颖且有价值的成果的实践活动（甘秋玲等，2020：57－70）。

沟通素养包括同理心，其内涵描述为：一种能够了解、预测他人行为和感受的社会洞察能力；深度理解，其内涵描述为：能够正确理解沟通对象以语言、文字及其他多种形式传递的信息，隐含的意图、情绪情感、态度和价值观等以及对内容进行反思与评价的能力；有效表达，其内涵描述为：在不同的情景下，运用语言或非语言等多种形式，清楚地传达信息、表达思想和观点，以达到沟通的目的（康翠萍等，2020：71－82）。

合作素养包括愿景认同，其内涵描述为：通过讨论、分析、反思等方式，实现对小组或团队目标、使命以及核心价值观取向的认同，并使之内化为自己完成任务的目标和信念；责任分担，其内涵描述为：结合自身角色制定计划和目标，积极主动承担分内职责，并充分发挥个人能动性，以较强的责任意识和担当精神，完成本职任务或工作；协商共进，其内涵描述为：运用沟通技能，本着互尊互助、平等协商、共同进步的原则，与小组或团队成员展开对话，并适时、灵活地作出必要的妥协或让步，有效推进团队进程，实现共同目标，促进共同发展（徐冠兴等，2020：83－96）。

3.3.4 核心素养的其他框架

施久铭（2014：33－37）认为核心素养就是知识与技能以及态度的综合。它是知识、能力和态度或价值观等的结合，因此核心素养包括问题解决和批判性思维等在内的"认知性素养"，同时还包括自我管理与人际交往等在内的"非认知性素养"。

李艺、钟柏昌（2015：17－23，63）认为核心素养由三个层面构成，处于基础层的是以基础知识和基本技能作为中心的"双基"指向；中间层是以问题解决过程中获得方法为核心的问题解决层；最上层是学科的思维层，是系统学习中通过认识到内化等逐步形成的思考问题、解决问题的方法以及价值观，实际是得到特定的认识世界和改造世界的世界观、方法论。

3.4 小结

    本章主要介绍了核心素养的国内研究现状，可以发现：我国政府和众多学者对核心素养的研究做出了杰出的贡献，硕果累累。素养一词涵盖了知识、能力和态度，覆盖面更广，更具有统整性。虽然不同学者对于核心素养的内涵、性质和框架等所持的观点不尽相同，但是均基于我国的国情，符合我国的核心素养培育实际，为本书提供了理论借鉴。

第四章　系统哲学理论综述

4.1　系统哲学简述

系统是一个有机的整体，并非各部分机械的组合，其整体功能是各要素孤立状态下无法实现的性质。同时，系统中要素并不是孤立存在的，而是均处在一定位置并发挥特定作用。各要素的相互关联构成了不可分割的整体。如果从系统整体中割离出来单个要素，将会失去该要素的作用（贝塔朗菲，1987）。

系统哲学是基于马克思主义哲学和自然辩证法，结合现代科学的研究成果和新的理论成就，以客观系统物质世界作为研究对象的一门哲学的科学，其主要目的在于科学、准确地描述自然界、人类社会和思维领域等系统运动的本质特征和普遍联系，从整体上揭示系统事物的生灭转化过程和系统内外的辩证关系（乌杰，2008：1）。

系统哲学中的整体观认为，系统中的部分不能脱离系统整体而存在，否则就失去了原本意义上的部分。系统内部分之间的联系一旦改变或者中断，系统则随之丧失固有的性质和功能。同一部分置于不同的系统中会表现出不同的性质和功能，对于系统整体来说，有些部分是主要的，有些部分则是次要的。次要的部分去掉后系统整体依然可以保持本原性质,而主要部分去掉后,系统整体则随之改变,原本的性质不复存在,因此系统的主要部分决定其性质。某些条件下部分可以等于系统整体,而在某些条件下亦可以大于系统整体,同样地,在某些条件下亦可以小于系统整体。有时,两个系统的组成部分及其结构不同,但是可以具有同样的功能,实现同样的目标(毛建儒,1997:13—16)。

4.2 系统哲学的核心思想

4.2.1 世界的系统性

系统哲学认为:世界是物质的,系统是物质世界存在的基本方式和根本属性,自然界、人类社会和思维均是系统的,系统在一定的时空中不断地运动、变化和发展,是客观普遍存在的,而普遍联系是一切系统的客观属性(乌杰,2008:40—44)。

作为哲学意义上的系统是指相互联系、相互作用的若干要素或部分结合在一起并具有特定功能、达到统一目的的有机整体(乌杰,2008:2)。要素、结构与功能是系统的三因素。

4.2.2 系统的运动性

系统哲学认为,世界是物质的,物质世界是系统的,系统是不断运动的,运动是系统的存在方式。运动和系统不可分割,所有系统均处于永不停息的运动变化之中。系统是运动的承担者,而运动是系统的根本属性。系统向前发展的过程取决于系统自组织与外部的环境因素的相互作用,是系统内部诸差异的力和外部环境诸差异的力形成的合力的结果(乌杰,2008:54—57)。

4.3 系统哲学的五大规律

系统哲学主要涵盖五大规律：自组（织）涌现律、层次转化律、结构功能律、整体优化律和差异协同律，为系统哲学的基本规律。自组（织）涌现律是系统哲学中最广泛、最普遍的核心规律；层次转化律与结构功能律是自组（织）涌现律的延伸；整体优化律是系统哲学最基本的规律，揭示了系统由差异引起的发展与变化；差异协同律是系统哲学中最高层次的规律，揭示了系统内部差异系统和环境差异协同进化的本质，是系统发展的根本动力（乌杰，2008：69）。

自组（织）涌现律是宇宙系统——宇宙核（能量、物质、信息），由大爆炸奇点开始，从简单到复杂，从对称到不对称，在零时空量子涨落中，宇宙系统自行组织、自行演化涌现出新系统的一种机制（乌杰，2008：74—75）。自组织原理就是宇宙系统自我组织的差异协同的过程，是系统结构与功能在时空中的有序演化。自组织演化的标志是对称性的破坏，其产生需要三个条件：开放系统、远离平衡态以及要素之间的非线性相互作用。自组织交互作用的过程具有三个特征：演化、进化的不可逆性；产生突变的可能性；现象的不可预测性，即有多种可能的选择，取决于自组织与环境的选择等。而自组织作为一种普遍的系统演化过程具有三种状态：从相对组织程度低到组织程度高的演化、连续性的渐变、维持稳定型，三种状态通常相互交织（乌杰，2008：78—79）。

层次转化律揭示了系统物质世界存在的基本形式系统层次变化的方式，即系统物质世界总是以层次转化的形式运动或发展。自然界、人类社会和思维是一个分层次类别的大网络系统，任何系统都具有无穷的子系统，而各层次类别的系统相互联系、相互作用且相互转化，构成了这个五彩缤纷的世界。由若干个子系统组成的大系统具有层次等级的结构关系，即系统内部结构是分层次的，系统本身层次是构成上一层次系统的子系统，又是构成下一层次子系统的母系统。系统的层次相对而存在，并在相互作用下层次间相互转化。任何一个系统都是诸要素或曰子系统的集合，处于同一层次上的要素具有一定的相同的性质，用于分析范畴概念。系统层次具有相对稳定性，但是层次结构处于不断的运动变化中（乌杰，2008：84－89）。分析系统时，需要关注其结构层次和功能层次，既要注意各层次系统之间的联系，又要注意某一具体等级上的系统所具有的独特结构与功能（乌杰，2008：91）。

结构功能律是对上述规律的深化，是对系统事物内在性的规定，旨在揭示系统内在结构的联系，说明系统结构和功能之间的辩证关系。系统哲学认为：系统都具有一定的结构与功能，是二者的结合体。系统的结构是组成系统整体的诸要素之间时空相互联系的总和，是一系统区别于他系统的内在规定性。结构是系统之所以成为该系统的内在原因，通过系统的功能及其属性表现出来，而功能则在系统与他系统的作用中体现出来。因此，为了全面认识系统的结构，就必须全面研究该系统与他系统的关系和联系（乌杰，2008：94）。同一系统要素常具有不同的结构，此种多样性决定了系统呈现出的功能和属性的多样性。与外部环境有关，不同的环境中同一结构也具有不同的功能，解释了语用学的观点，例如"太热了"具有不同的语用。一定的系统结构可以使组成该系统的诸要素发挥其单独无法发挥的作用和功能，即系统整体具有要素个体不具备的功能。有何种系统结构，就决定了有何种系统功能和属性，而相同的要素由于结构不同而形成不同的系统，系统结构是否合理影响系统的发展。另外，由于受外部环境和内部要素运动的影响，系统的结构会产生变化。因此，人们可以根据对系统的认识，有意地改变某些结构（乌杰，2008：95）。

整体优化律揭示了系统运动的趋势和方向，主要由三部分构成：系统整体性原理、优化原理和整体大于部分之和原理。系统整体性原理：一是系统整体是基本的，而系统的部分是构成整体的基础，统一整体是系统各部分相互联系的过程与结果，系统各部分在整体制约下相互联系、相互作用和相互转化。二是系统部分按照系统整体的目的，发挥各自作用。其性质和功能由其在系统整体中的地位与自身结构的规定性确定，其行为受整体与部分的关系规定。三是系统整体是由物质、能量和信息构成的综合体，其内在结构由要素、层次和中介构成。四是系统整体与部分处于运动变化中，系统的局部变化总是以整体联系为前提，而整体的变化又总是在局部变化的联系中实现。存在于整体中的部分，只有在整体中才能体现其具有部分的意义，一旦离开整体，部分就会失去其作为整体的部分的意义。总而言之，系统的整体性原理揭示了系统的各个要素是按照一定方式构成的有机整体：整体、环境以及各要素之间的相互联系、相互作用，使系统整体呈现出各个组成要素所没有的系统性质，因而具有各个组成部分所不具备的功能（乌杰，2008：106－108）。

系统优化原理：优化指系统整体具有一种由低级到高级、由简单到复杂的发展方向和总趋势。自然界、人类社会和思维系统中存在着优化性质或状态，而且是人类可以认知的。优化的实现与否受多种因素制约。各类系统由于内部根据和条件的相互作用，总可以在一定条件下，使整个系统或者该系统的某个方面最大限度地（最小限度地）接近或适合某种一定的客观标准（乌杰，2008：108）。

优化具有客观性、相对性和条件性。客观性指任一系统的优化与否，区分是客观的，采取客观的标准，结果不同，总有一个优化的结果最接近或者最适合所确定的标准。优化的相对性具有四个方面的内容：一是优化只相对于一定的标准才有意义，标准的确定或是某种固有规律的要求，或是某些内部条件的限制，或是可能出现的概率的大小等。二是只是某一对象的优化，而不是一切都优化，或者只相对于一定标准某一个或者几个方面的优化。三是某一对象的优化不是固定不变的，而是随着时空与内外部条件的改变而变化，优化是动态的过程的优化。四是优化与否是相对的，在肯定某一方面优化的同时，也包含了其他方面的不优化。优化的条件性指优化的实现是环境条件特别是最适合条件和内部联系相互适应、结合的产物，是系统内部根据与外部条件的统一，二者缺一不可（乌杰，2008：109）。

整体大于部分之和原理：系统整体结构和功能优于部分的结构的总和与功能总和。整体与部分具有不同的关系：整体功能大于各部分功能的总和；整体功能小于各部分功能的总和；整体功能是各组成部分都不具备的功能；整体的功能等于各组成部分功能的总和。当二者的关系处于一、三两种情况时，系统处于优化阶段；处于二、四两种情况时，则为劣化系统，该类系统具有三种发展趋势：在自身固有规律与外部环境作用下，有序调整结构，克服部分系统要素劣化的因素，补充新的有序结构，使原系统达到新的整体优化；系统整体结构进行重组，把所有系统要素的劣化因素淘汰，形成新的有序结构，达到新的整体优化；原系统结构解体，让位于新的合理的系统整体，形成新的系统整体与整体优化。系统整体总是要在内部结构的作用下，在外部环境因素的选择下，朝着整体大于部分之和的优化阶段发展（乌杰，2008：110－112）。

差异协同律是系统哲学的表征规律，揭示了系统物质世界的源泉的动因，指出了系统发展的原因在于其内部要素结构涨落的差异性、协同性、和谐性、放大性与自组织性。差异与矛盾不同，后者只是前者的一个特殊激化的阶段，并非每一差异都必然发生的一个阶段。矛盾没有普遍性，而差异具有普遍性，是一切发展的根源，所有系统均存在差异（乌杰，2008：117－121）。协同和谐原理从系统的整体性、协调性和统一性等基本原则出发，揭示系统内部各子系统与要素围绕系统整体目标的协同作用，使系统整体呈现出稳定有序结构的规定性。协同放大原理指开放系统内部子系统围绕系统整体的目的协同放大系统的功能。系统功能的放大导致系统整体合作行为，使整体大于局部之和，呈现出 $1+1>2$，或者非可乘数的关系。非平衡系统的开放性使系统内部结构与外部作用产生共鸣与涨落，这是促进系统内部协同放大的外因，而系统内部结构的差异的非平衡性，即非线性作用是产生系统功能协同放大的内因（乌杰，2008：123－124）。

4.4　系统哲学的实践化

系统哲学在人文、社会科学等领域的影响，具体表现为不同领域的学者在系统哲学指导下提出的多元系统理论、社会系统理论和系统思想，从而凸显系统哲学的优势以及在实践中需要完善和丰富之处。

4.4.1　多元系统理论

以色列学者埃文-佐哈尔（Even‐Zohar）（2002：19—25）在其著作 *Polysystem Theory* 中提出了多元系统理论，并经过多次修改。该理论在前期主要应用于文学和翻译领域，后开始应用于文化研究，因此并非单纯的文学理论，而是一种普通文化理论。其"系统"的思想来源于科学领域的系统论思想，因此可以说脱胎于系统哲学。"多元"一词凸显了系统之间的差异性，而"系统"一词则将同质的元素归于一个观察范围内，体现了系统内部元素的共性（杜磊、肖维青，2017：18—24）。

多元系统理论认为，各种社会符号现象，即各种由符号支配的人类交际形式，例如语言、政治、经济、文学和意识形态等，构成一个系统而非毫无关联的混合体，人类的各种交际形式互相关联、相互影响。该系统并非单一的，而是由不同的成分组成的、开放的结构，由若干不同的系统组成，是一个多元系统。相应的，任意一个多元系统又属于一个较大的整体文化的成分之一，又与该文化及其整体内的其他多元系统具有联结关系。另外，该系统又可以与其他文化中的对应系统构成一个大多元系统。由此，某个多元系统内部发生的变化都不能被视为孤立的现象，而必须结合整体文化，甚至人类社会中最大的多元系统——世界文化中的其他变化因素来考查（胡永近，2010：75—77，108）。该理论中的"系统"这一术语实际完全可以换用"关系网络"或"关系性思维"（黄德先，2006：57—60），由上也可以窥见多元系统理论的系统论渊源。

多元系统理论观照下，社会符号是一个由若干不同的系统组成的多元系统，而且这些系统的地位并不平等，或处于中心，或处于边缘。地位的不同导致系统之间无休止地争夺中心位置，因此多元系统并非一劳永逸地固定不变。可以发现该理论将多样性、冲突、矛盾、变化和时间的推移等因素纳入其中（张南峰，2002：19）。该理论的核心理念之一就是各层级之间以及子系统之间相互竞争统治地位。

在佐哈尔看来，多元系统理论将各种社会符号现象视作系统，而并非由毫无关系的元素构成的混合体，这是理论核心所在。政治、经济、文学、语言、意识形态等，都属于他所指的这些社会符号现象，或者叫"由符号支配的人类交际形式"。它们有着自己独立的行为轨迹，但也相互依存，形成有组织的整体架构。也就是说，这个系统是一种多层次的、开放的、多元的动态系统。在研究系统内观察这些符号现象，不能用静止、孤立的眼光，而应该"与整体文化甚至与世界文化这个人类社会中最大的多元系统中的现象联系起来开展研究"。除此之外，整体内部的各个子系统，有的处于中心，有的位于边缘，它们地位存在差别。放大到系统外部，各系统之间也是如此，并且这种地位差别并非凝固僵化，而是切实存在着某种斗争，现在看来是自始至终的，位于中心的系统会不断地被逐到边缘；但是，边缘位置的系统也不断尝试去占据中心的位置。多元系统由多个子系统组成，且各个子系统地位不同，距离中心的位置也不同，子系统通过不断增强其影响力向中心地位靠拢，影响力最大的子系统会占据中心地位，但这种占领并不是一劳永逸的，而是会随着竞争呈现出动态的变化。

系统之内在不断变化，系统之间也在不断变化，而分隔相邻系统的界限亦不停移动。因此，甚至可以说"之内"和"之间"也不能静态地或者机械地看待（佐哈尔，2002：19—25）。

从以上分析可以看出，多元系统理论脱胎于系统哲学，然后具有了自己独特的发展路径，为后者的发展提供了一定的启示。多元系统理论的根本思想并未脱离系统哲学，但是与后者亦不尽相同，而且在其演变的过程中并未继续吸收后者的发展成果，因此具有一定的局限性。

4.4.2　社会系统理论

尼克拉斯·卢曼（Niklas Luhmann）在融合社会学派的功能系统观和一般系统论的基础上，提出了社会系统理论。社会系统理论融合生物学、控制论和法学等多学科领域的理论，从新的理论视角，基于社会现象建构而成，其系统指环境之外的一切，具有高度的宏观性。

该理论认为，系统是由不同部分型号连接而成的一体化的组合物，并在社会进化过程中发生联结和分化。系统可以分为三类：社会系统、心理系统和生命系统。每个系统均由若干子系统构建而成，各子系统具有层次性。例如，在社会系统内，一级子系统包括宗教、政治、经济、艺术、法律、教育和多媒体等。社会系统是社会符号和社会关系的系统，有多个层次，且处于动态变化之中。在外部，系统又与周边外部环境（乃至最大到整个世界）形成了一个多层级的系统，内部子系统与外部环境不是静止的，它们的交互让环境成为系统操作的一部分。从这个意义上来说，系统的产物就是环境的选择。整体来看，系统可以通过环境去更加充分地认知世界、拓展活动领域、增加运作的可能性参照（赵会珍、王晓东，2020：71－73）。

因此，可以说社会系统理论同样继承了系统哲学的核心思想：世界的系统性、系统的层次性以及与外部环境的相互关系，是系统哲学在人文科学中的另一个实践。社会系统理论以人类社会作为研究对象，将其作为一个系统考察，因此具有自己的独特性。

首先，社会系统理论对系统和环境的关系有更深入的阐述。该理论将社会系统看作是基于要素和关系的动态系统，突出了选择的重要性，即社会系统中的任何一个运作均为诸多选择中的一种。该系统与外部环境以及世界构成多层次的结构体或者更大的系统。系统与环境的互动，可能是环境中的可能性成为系统运作的一部分，同时使系统的产物成为环境的选择。另外，系统还通过环境这一中介进一步了解整个世界，从而扩大自身的活动场域和运作的可能性参照（丁东红，2005：34－38）。

其次，社会系统理论促进了理论范式的转向。该理论提出了自我指涉概念代替环境开放性概念，认为社会系统除了自我组织和自我调整等特征外，还具有自我指涉和自我再生功能。自我指涉讨论了系统开放性问题，也突出了系统的封闭性，即通过自我再生功能系统可以通过抗拒外界干扰的影响而产生自身的秩序（丁东红，2005：34－38）。系统的自我指涉观实现了系统封闭性与开放性二元对立的统一，也被学界公认为卢曼社会系统理论的精髓（宋安妮，2014：132－134）。

再次，社会系统理论确认了主体性和内因论。该理论认为，借助自我再生功能，个体可以将自己的内在要素/事件与外部环境/他人进行区分，由此显示自我的主体性，即只有个体自身可以决定要接受什么、如何建构自己的特征从而与他人区分开。类似的，社会系统亦可以通过自我再生功能再生要素从而凸显自己的主体性，并将自己与其他社会系统区别开来。在上述过程中，主体性不受制于外部环境或其他系统的制约，外部环境/其他系统只能提示一些可能的自我确认的方式，只有个体/社会系统接受提示并将其纳入自我再生运作中，外部影响才有意义。因此，这一主张也突出了外因需要通过内因才能起作用（丁东红，2005：34－38）。

4.4.3 系统思想

系统思想是系统功能语言学理论的核心思想之一。系统功能语言学对于功能的论述较多而有忽略系统的嫌疑，常被简称为功能语言学，但是系统的思想还是在少数论述中清晰可辨并贯穿系统功能语言学理论研究的始终。

系统思想认为语言系统是一种可以进行语义选择的网络，当有关系统的每个步骤得以实现后，便可以产生结构。因此，系统是在具体的使用中进行演变的，离开这一实践，语言系统不复存在。语言是系统的系统，即语言内部包括不同的成分，这些成分又可以作为独立的系统包含自己的成分。各种类型的系统相互连接，可以构成系统网络。另外，语言具有一定的意义潜势，当需要表达一定的意义时，语言使用者必须在语言系统网络中进行有目的的选择。所有的系统均可以提供两个或以上的特征或者成为项目以供选择。在系统中进行选择的过程不是任意的或者随性的，而是要遵守一系列的入列条件。当符合入列条件后，便可以在系统中进行下一步选择。当某一系统中被选择项自身不能再作为入列条件引导下一步更精密的选择系统时，意味着该项目的选择为最终选择，此时选择终止。

系统思想主张，各种特征或项目之间的深层关系主要包括析取和合取两种选择。前者表明在可供选择的项目中只能选择其一，该类选择具有排他性，选择了 X 就不能选择 Y，选择了 Y 就不能选择 X。合取选择指在可供选择的若干个子系统中对其中每一个子系统都要同时进行选择（胡壮麟等，2005：56）。

系统思想虽然是关于语言系统的理论，但是它和功能思想不可分割，二者一起构成系统功能语言学理论的框架。系统功能语言学派强调的是语境对语言层面的制约作用，而语境又分为文化语境和情景语境，其中，文化语境包括意识形态和语类。系统内项目的选择必然受到文化层的影响，所以该学派同样强调语言外部因素对语言层的制约，这一主张符合系统哲学观点。系统思想和语言功能紧密结合，主要集中在语言层面，研究语言的实际应用。系统思想主要从微观方面分析了语言系统及其内部各项目之间的关系，把各子系统内部关系分为析取和合取两种，并强调其语言层面的制约因素。系统功能语言学由系统和功能两个核心思想构成，二者不可分割。系统内各项目的选择，既受主、客观因素影响，也受其自身功能制约。各项目自身体现何种功能，制约着其在系统内的地位、系统是一系列的选择，所以系统并不能由其子系统或各项目单独体现，而是由系统的整体体现（胡永近，2010：75－77，108）。

由此可以发现，系统思想只是具有系统哲学的部分系统观念，是启蒙的或者是初始的系统观念。系统思想甚至没有说清楚或者界定何为系统，对于系统哲学中的核心观念和原则、方法等更是只字未提。另外，该思想描述的语言系统的选择过程较为机械，忽略了语言使用者的主体性，例如选择的制约因素和选择机制。换而言之，系统思想的系统观念与索绪尔的系统观念一脉相承，即将系统视为静态的或公式式的关系网，该关系网中的每个项目的值由该项目与其他项目的具体关系决定。该类观念忽略了系统的运动性，无法解释系统内部的变迁或者变异。

4.5 小结

通过以上分析，可以发现：在系统哲学视域下，宇宙中的一切事物，包括自然界、人类社会和思维领域均以系统的形式存在。系统哲学在实践领域的应用表明了其适切性和可行性，应用于核心素养研究可以拓展其实践应用。

核心素养内涵的提出，建基于多种理论，尤其是经济合作与发展组织的核心素养的确立，源自哲学、人类学、心理学、经济学以及社会学等学理观点（蔡清田，2012：22－27），其中哲学理论模型的代表专家斯佩伯、皮埃尔提出美好的生活需要的能力有复杂性能力、感知能力、规范能力、合作能力以及叙事能力等（林崇德，2016：56－59）。系统哲学将世间万物视为系统，主张从整体角度把握事物，从外部环境与内部的要素、功能与结构对其进行解析，显然核心素养亦属于系统范畴。系统哲学在实践领域的应用，证明了其科学性和普适性，为核心素养的研究提供了哲学依据和理论范式。

第五章　系统哲学视域下的核心素养内涵系统构建

5.1　问题的提出

20 世纪中后期以来，科技的迅猛发展与信息技术的日益革新，呼吁适应新时代发展的新类型人才出现，各国之间的竞争逐渐向人才竞争转向。培养何种类型的人才、如何培养人才，成为众多国际组织、国家和学者关注的焦点。核心素养便是在此背景下应运而生，而其具体内涵则首先成为亟需锚定的课题。

自经济合作与发展组织提出核心素养这一概念以来，关于核心素养的研究便如雨后春笋般层出不穷，在理论与实践的纵深和横向双截面取得举世瞩目的成就。理论维度的研究重点之一在于核心素养的内涵，代表性观点主要有：所有社会的成员均应该具备的共同素养中最为关键且居于核心地位的素养，是培养能够自我实现与社会和谐发展的高素质国民和世界公民的基础（辛涛等，2013：5－11）；一系列可移植的、具有多种功能的知识、技能和态度，是个体获得个人成就和自我发展、融入社会、胜任工作的必备素养，应该在义务教育阶段完成，且成为终身学习的基础（Gordon et al.，2009；蔡清田，2012：3－8；张娜，2013：39－45；成尚荣，2015：21－28）；所有的学生或工作者都必须具备的能力，其发展目的在于培养具有 21 世纪工作技能及核心竞争力的人（林崇德，2016）；与知识、技能和社交能力三个方面密不可分，来自工作内容分析，同时是课程编制和测评的基础（林崇德，2016：18）；与特定的专业技能不直接相关的知识、能力和技能，是在各种不同场合和职责情况下作出判断选择的能力，是胜任生涯中不可预见的各种变化的能力。关键能力可以理解为跨专业的知识技能和能力，由于其普遍适用性而不易因科学技术进步而过时或者被淘汰（林崇德，2016：20）；综合职业能力或关键能力，指为有效参与发展中的工作形态与工作组织所必要的能力（林崇德，2016：18）。

从上述定义可以看出，不同的国际组织、国家和地区对核心素养理念及其重要性的认知总体上一致，但是对其内涵的界定依然有稍许差异，也在一定程度上体现了各自民族和国家的特色以及核心素养研究的立足点差异（张海燕，2018：5—6）。而如何在国际研究的异同之间审视我国的核心素养内涵，关系到我国在国际竞争中的人才软实力培养。

5.2　核心素养的内涵

目前国际组织和学界对核心素养内涵的观点主要集中于三个方面，即全体公民的核心素养、学生具备的核心素养、职业核心素养，而关于核心素养是知识、能力与情感态度等的综合体这一论断基本达成一致。本节首先讨论核心素养内涵的定位与地位。

全体公民的素养内蕴了学生核心素养与职业核心素养。首先，学生与工作者均属于全体公民的部分，将学生的核心素养和工作人员的核心素养在广度上缩减了核心素养的内涵范畴。其次，学生和工作者的核心素养属于社会人的阶段性素养，例如，学生在教育阶段、工作者在工作中的素养，而非工作、学习和生活均需要的素养，在深度上较为肤浅。再次，将学生、工作者与全体公民割裂，否定了其社会性。个体是社会的存在物，是一切社会关系的总和（中央编译局，2009：188），学生和工作者均属于社会人，其核心素养无法保障个人的健康生活和社会的良好运转。

因此，首先必须明确核心素养是全体公民的素养。在理论层面，可以延伸至作为人类命运共同体的所有公民的核心素养。但是，鉴于每个国家和地区的特色差异，在理论研究和实践操作过程中将其集中为国家公民的核心素养为宜。由此，核心素养的内涵可以界定为：为了优质生活和社会的良好发展，所有公民必须具备的知识、能力与态度的综合体。

据此，可以构建核心素养内涵系统框架，如图1所示。

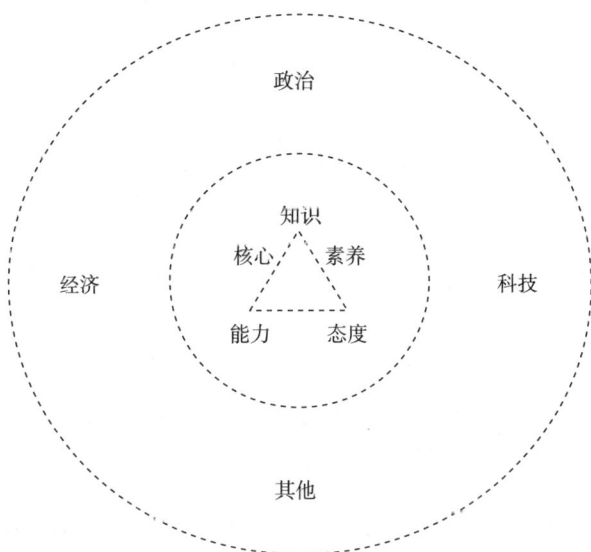

图1　核心素养内涵系统框架

核心素养框架可以设计为虚线圆，虚线表示核心素养是开放型系统，呈现动态变化。系统内部核心素养由知识、能力和态度等要素构成，三种要素形成核心素养三角，由虚线连接，表明三者之间并非完全割裂，而是相互依存、密不可分。

该框架具有以下几个方面的优势：

首先，清晰直观地描绘核心素养的架构面貌。核心素养系统内部要素包括知识、能力、态度，三者又作为系统具有自己的要素。核心素养系统的外部环境包括政治、经济、科技和其他要素，各要素又可以构成更大的系统。限于篇幅，本节没有列出核心素养内部要素小系统和外部环境要素构成的大系统。

其次，该框架真实地反映了核心素养的特征。系统哲学认为，世界是物质的，物质世界是系统的，系统是不断运动的，运动是系统的存在方式。运动和系统不可分割，所有系统均处于永不停息的运动变化之中。系统是运动的承担者，而运动是系统的根本属性（乌杰，2008：54－55）。核心素养系统具有动态变化性，受外部环境规定性和内部要素规定性的双重制约（毛建儒，2002：22－27）。在核心素养系统外部，政治、经济、科技等外部环境因素制约着核心素养的内涵，外部环境中的要素改变，核心素养的内涵亦随之变化，核心素养内涵的培养从传统的能力导向转向素养导向，即受到外部环境的影响。内部要素的变化亦制约核心素养内涵，例如，传统的能力导向培养模式重知识和能力，忽略了态度（蔡清田，2012：158－162），而现行的培养模式关注情感态度，该维度的增加丰富了核心素养的内涵。

再次，有利于核心素养的培育。核心素养系统将其外部环境和内部要素等制约因素予以清晰勾勒，有助于从内外部机制双重角度同时进行培育，并非只关注知识、能力和态度的培养，而对知识、能力和态度的培养正是目前核心素养研究和培育的重点，忽视了外部环境的影响力。

5.3　核心素养的地位

核心素养代表社会中所有个人成员应普遍达到的共同的层次，核心代表应该达到层次的最低共同要求，具有共同特质，是每一位社会成员都必须学习获得与不可或缺的核心而关键且必要的重要素质，具有关键的、必要的、重要的、共同的特质（蔡清田，2011d：203－217）。

核心素养以素养为基础，又是各类型素养的基础，例如学生核心素养、教师核心素养等。后者又可以分为更具体的核心素养，例如学生核心素养可以分为小学生核心素养、中学生核心素养、大学生核心素养等。由此，在系统哲学视域下，可以将核心素养地位系统构建为图 2。

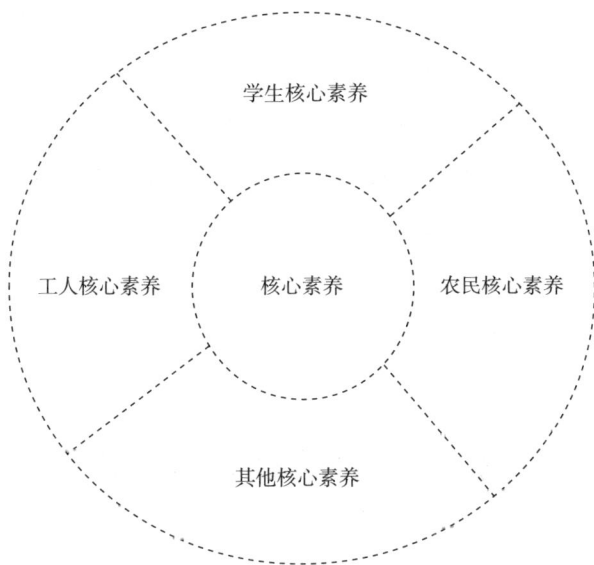

图 2　核心素养地位系统

如图所示，内部虚线圆为核心素养系统，虚线表示核心素养系统的开放性和动态性，也表明核心素养源自其他各种素养中的共通之处。当然核心素养的外部不局限于学生核心素养等，而是有各种素养。图中，学生核心素养、工人核心素养、农民核心素养和其他核心素养之间均为虚线，表明各种核心素养之间并非割裂关系，而是相互交叉，而且均和核心素养相关。由此，可以说核心素养源自各种核心素养的共同部分，或曰核心部分，各领域、各类公民的核心素养的交叉点便是核心素养，即关键的、普适的素养。换句话说，核心素养消弭于各类核心素养之中，不属于任何其他的各类核心素养，又在各类核心素养中可以窥见核心素养的身影。

学生核心素养、工人核心素养、农民核心素养、其他核心素养等均可视为一个系统（限于篇幅，没有画出各类素养的系统图）。以学生核心素养为例，根据不同的分类标准，可以分为不同的要素及结构，例如知识、能力、态度，三者又可以作为独立的系统具有自己的要素。在学生核心素养系统外部，有核心素养、工人核心素养等各种外部环境资源，而学生核心素养系统受其外部环境的制约。由此，可以大致确定核心素养的地位：从各类核心素养中升华、抽离、概括而来，又体现于各类核心素养之中，在地位上高于其他各类核心素养。

这一框架亦为培养各类核心素养提供了新的思路。以学生核心素养培养为例，目前的理论研究和实证分析均聚焦于教育领域路径，而轻视从学生核心素养系统外部环境因素入手。目前学生核心素养的培养应首先总结归类该系统的外部影响因素，从内外部两个维度同时进行，方能实现事半功倍之效。

5.4　系统哲学对我国核心素养研究的反观

我国的核心素养研究无论是在制度建设方面，还是在理论研究与实践培育方面都取得了空前的成就。但是从系统哲学的视域反观之，可以发现依然有可以完善之处。

首先。核心素养内涵界面狭窄。虽然部分学者将核心素养的内涵定义为全体公民的核心素养（蔡清田，2012：3－8；辛涛等，2013：5－11；施久铭，2014：33－37；成尚荣，2015：21－28；褚宏启，2016：1－3），但是亦有学者将其内涵浓缩成学生核心素养（林崇德，2016：29－30），并主张核心素养的培养在教育与培训阶段之前完成。目前我国的核心素养研究主要集中于学生核心素养，这一主张和实践不利于全体公民的核心素养培育。

其次，核心素养的培育路径范围小。核心素养内涵的界定决定了其培育的实践路径范围较小。在学生核心素养培育方面，1999 年，中共中央、国务院颁布《中共中央国务院关于深化教育改革全面推进素质教育的决定》，提出学校教育、家庭教育和社会教育协调开展，在不同阶段和不同方面应当有不同的内容和重点，相互配合，全面推进。然而目前的研究与实践多围绕课程建设等进行，忽略了学生核心素养的外部环境影响因素，尤其是社会教育的作用。

再次，其他领域的核心素养的研究与实践缺失。如前文所述，目前国内核心素养的研究主要集中于教育领域，其他领域，例如房地产领域等的核心素养缺失。其他领域核心素养的研究与培育，既能更有效地培育促进社会健康发展的各类型人才，又能作为外部环境因素为教育领域的核心素养培育提供正面促进效应。这个方面可以参考美国的 21 世纪核心素养研究提出的职场核心素养、学生核心素养、成人核心素养等（林崇德，2016：72-75）。

最后，核心素养的阶段性培育主张有不可取之处。核心素养应该是持续发展的动态系统，其培育应该从内外部双重视角进行，亦随着内外部因素的影响而改变，其培育应该伴随公民终身。

5.5　我国核心素养培育的相关建议

综合以上分析可以发现，目前我国的核心素养培育依然任重而道远。

首先，要根据核心素养的源泉，即各类型核心素养凝练出所有公民为了生活的幸福安康和社会的良好发展而必须具备的知识、能力和情绪态度等，制定出符合中国特色社会主义社会发展的全体公民核心素养。核心素养的归纳与提炼，并非一朝一夕可以完成的工程，亦非部分领域的部分人可以胜任的，需要各领域的专家共同参与，分析各领域核心素养的交叉融合之处，勾勒出核心素养的全貌。

其次，必须重视核心素养的外部环境因素。在分析核心素养系统内部要素及其结构和外部环境因素的基础上，把握核心素养的实质、特征、动态发展趋势和培养路径。

最后，重视各种类型的核心素养的归纳、提炼与培养。如上分析，各类型的核心素养之间及其与核心素养之间并非孤立相悖的，而是相互连通、彼此交织。每种类型的核心素养的发展都影响到核心素养和其他类型核心素养的培育。由此观之，每种核心素养的培育，既需要从内部入手，又需要从外部打通。双管齐下，方能收奇效。

5.6　小结

本章主要从系统哲学的视角构建核心素养系统和地位系统，主张将核心素养视为一个系统，从内部要素及其结构和外部环境因素双重视角审视核心素养。在此基础上，对我国目前的核心素养研究进行了反思，提出不足。最后，结合我国现阶段核心素养研究的状况，提出了几点建议，以期从理论与实践层面促进该课题的发展。

第六章 核心素养框架及其培育路径

6.1 核心素养框架相关研究

核心素养框架的设计与确定，关系到核心素养培育的效果，众多的国际组织、国家和学者对核心素养框架进行了多个角度的研究与设计，形成了较为成熟的核心素养框架结构。经济合作与发展组织的 DeSeCo 项目邀请了不同学科领域的专家对核心素养进行了探讨，因此其构建的核心素养理论模型亦建基于不同学科理论体系（林崇德，2016：56－59），提出每一个核心素养均需同时满足二个条件：①对社会和个体产生有价值的结果；②帮助个体在多样化情境中满足重要需要；③不仅对学科专家重要，而且对所有人重要。三个满足条件预设了核心素养的三个特质，即价值性、迁移性、民主性（张华，2016：10－24）。在此三个条件下，确立了三类核心素养：①交互使用工具的能力；②在异质群体中有效互动的能力；③自主行动能力。

目前各国际组织、国家和学者提出的核心素养框架大致分为以下集中类型：①核心素养包括几项一级指标，各一级指标下又分为多项二级指标，主要以能力为主，例如经济合作与发展组织核心素养框架、美国核心素养框架、我国台湾地区核心素养框架等（蔡清田，2012：95－104；林崇德，2016：60－61；谷屹欣，2019：57－68）；②核心素养框架由知识、能力和态度等构成，主要代表为欧盟核心素养框架（林崇德，2016：85－88；靳玉乐等，2018：4－5）；③核心素养指标与学习阶段相对应，聚焦于学校教育，例如联合国教科文组织核心素养框架（林崇德，2016：54；谷屹欣，2019：57－68）。

各种核心素养框架的主要特征呈现的趋势为核心素养框架为自上而下的层次型结构，框架内部各要素各自分离，无法呈现核心素养内容的真实面貌。鉴于此，为了清晰地反映核心素养框架全貌，本章利用系统哲学为理论依据，构建核心素养框架结构，分析其特征、系统内部各要素相互关系及其外部环境要素。

6.2　系统哲学视域下的核心素养框架

根据上一章内容可知，核心素养是为了优质生活和社会的良好发展，所有公民必须具备的知识、能力与态度等的综合体。核心素养包括知识、能力和态度这一主张基本成为国内外学界的共识，而知识、能力和态度又可以分别包含不同的内容。由此，可以将核心素养框架系统结构设计为图3。

如图所示，所有虚线圆均表示开放型系统，即该系统具有动态变化性。中间虚线圆为核心素养系统，外部为其外部环境因素，主要包括：政治、经济、科技和其他等，各要素作为外部环境系统的要素存在，又可以作为独立的系统包含自身的要素。外部环境系统自身可以作为一个要素，与其他要素共同构成更大的系统。在核心素养系统内部，知识、能力和态度为其要素，又自身作为系统可以包含各自的要素，例如知识可以划分为不同类型的知识。

知识、能力和态度系统作为核心素养系统的要素，同样受核心素养系统外部环境因素的影响与制约。例如，随着信息科技的发展，信息技术已成为众多核心素养的要素之一。三个要素作为独立系统，并非完全割裂，

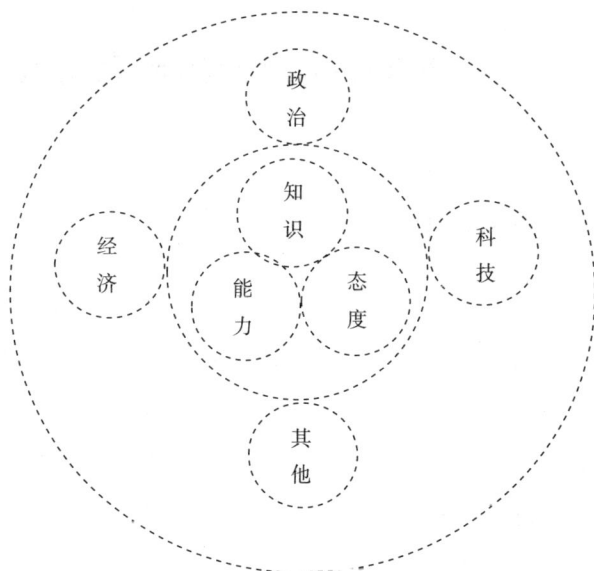

图 3　核心素养框架系统结构

而是相互关联，共同地描绘出了核心素养框架。同时，由于外部环境的差异影响着核心素养不同要素的发挥，因此，在不同的情境下，三项核心素养各自发挥着不同的作用（林崇德，2016：60－61）。除此之外，知识、能力和态度作为要素构成核心素养系统这一整体，又可以发挥系统的整体作用。

　　该系统框架具有以下几种独特的优势：①真实、形象、客观、全面地描述核心素养框架的内外部结构及其关系。从系统框架中可以看出，核心素养在外部受环境因素的制约，在内部由知识、能力和态度三种要素构成，三种要素之间相互关联且都具有自己的要素。②凸显了核心素养的动态变化性。各系统用虚线圆表示，表征其内涵和外延均具有变化性，且均受到内部要素和外部环境的双重制约。③为核心素养的设计与培育提供了新思路。核心素养及其三要素的设计和培养，均需要从内部要素和外部环境两种角度、内外结合进行，而非孤立地从内部入手，尤其是核心素养与要素的培养，必须考虑外部环境的正反作用。

6.3 核心素养框架建构的反思与反观

6.3.1 核心素养框架设计路径

核心素养框架的构建，可以沿着两个思路进行：一为直接按照核心素养的三个要素作为系统，构建三个子系统的要素，各个子系统的要素不需要存在一一对应关系。二为直接归纳核心素养的要素，将其分成知识、能力和态度，分别置入各子系统，各个子系统的要素存在对应关系。以欧盟的核心素养框架为例：核心素养1为使用母语交流，其定义为使用母语进行口头或书面表达和解释的能力，在各种社会文化情景中恰当和创造性地运用母语进行交流的能力。具体构成包括知识、技能和态度。知识为母语的词汇、语法及语言功能等知识；了解文学语言与非文学语言以及各种语境下的不同语言形式。技能为在各种场合运用口语和书面语进行交流；甄别和使用不同表达方式、检索和处理信息、使用词典等辅助工具、形成和表达观点。态度为对批判性和建设性对话的积极倾向；对语言之美的欣赏与追求；与人交流的兴趣；积极和富有社会责任感地使用母语的觉识。

6.3.2 核心素养的外部环境因素作用

外部环境因素对核心素养的设定具有规定性。核心素养的目的之一在于促进社会的良好健康发展，而其制定必须符合现实社会的需求，即因应不同情境的动态变化的需求（张华，2016：10－24）。另外，外部环境的不同，会导致核心素养框架的差异，即每个国家和地区的核心素养框架不一定完全相同，但是由于国际一体化的进程，当前对各国公民的素养要求又呈现趋同的趋势（张海燕，2018：4）。例如经济合作与发展组织的核心素养框架与欧盟等组织、国家和地区的核心素养框架存在差异，但是所有框架共同倡导的核心素养是四个：协作，交往，信息通信技术素养，社会和（或）文化技能、公民素养。也有一些框架倡导的核心素养是另外四个：创造性、批判性思维、问题解决、开发高质量产品的能力或生产性。这八大素养是人类在信息时代的共同追求，可称为"世界共同核心素养"（Voogt & Roblin，2012：299－321，309）。

核心素养系统的统整性。一是其内涵包括了知识、能力和态等，是各子系统的集合体，超越了知识和能力二者之间的二元对立，凸显了态度的重要作用。二是核心素养统整了个人和社会二者的需求，不仅促进个人的发展，亦推动了健康社会的形成，将个人发展与社会进步统一起来（辛涛等，2013：5－11；张华，2016：10－24）。三是核心素养系统作为整体发挥作用，帮助个人实现幸福健康生活，助力社会的良好运转与发展。

外部环境因素对核心素养的培养同样具有规定性。核心素养的设计受外部环境的制约，是在结合外部环境，尤其是社会发展需求的基础上进行的，因此其培养必须从内外两个角度设置路径。DeSeCo 项目在最终的报告中明确指出，课堂习得的技能与能力不是核心素养。核心素养的获得不仅仅是在学校中完成的，还包括在家庭、社会中自己的习得。所以，不能把核心素养的研究圈于学校的教育研究中，特别是对课堂的研究（林崇德，2016：61－63）。

知识、能力和态度三者地位并重。核心素养三要素之间相对独立，绝对连通，既各自发挥作用，又作为整体赋予核心素养系统整体功能，因此三者不可偏废。另外，从核心素养系统框架可以看出，核心素养与知识、能力和态度为所属关系，即核心素养不等于知识、能力和态度，而是包含了后三者。在 DeSeCo 项目为核心素养下的定义中，核心素养是知识、技能和态度的综合体（张娜，2013：39－45），而其确定的三类核心素养均为能力（张华，2016：10－24），并未涉及知识和态度。三大核心指标的二级指标中鲜有论及知识和态度者。因此，在某种程度上，可以说虽然该项目提出的核心素养内涵较为准确科学，但是其框架依然没有逃脱传统的能力导向的藩篱。联合国教科文组织的核心素养以能力为向导，以评价促发展（林崇德，2016：54－55）。欧盟和经合组织的核心素养内涵及框架存在一定的差异，前者的核心素养与相应的知识、技能和态度的联系更加紧密、明确、具体，而后者的核心素养尽管亦强调在具体情境中综合应用知识、技能和态度，但是其中的联系却相对松散、灵活和抽象（张华，2016：10—24）。

6.3.3 核心素养子系统功能

核心素养系统包括三个子系统，即知识系统、能力系统和态度系统。三个子系统可以独立发挥作用，又可以整合共同发挥核心素养的作用。知识系统的功能体现了核心素养的根基，是认知世界、掌握能力和完善态度，形成健康的世界观、人生观和价值观的基础。能力系统使个人具备过上健康生活能力，是实现自我价值、推动社会前进的动力源泉。态度系统是核心素养的指明灯，决定了个人是否能将知识和能力合理利用，发挥知识系统和能力系统的正向功能。

三个子系统共同组成核心素养系统，三者彼此相连，相互促进，方能发挥核心素养的功能，即促使个人取得个人成就，拥有健康幸福的生活，同时在自己的工作领域内做出贡献，实现社会的良好有序发展。缺少必要的知识，无法掌握必备的能力，不具备积极向上的态度，无法实现个人与社会发展的统一。能力不足，即使具备高深的知识和良好的态度也无法发挥自我价值。而具备了高深的知识和能力却态度不端，则会危害社会，个人价值亦无法实现。

6.4 核心素养框架设计需关注的问题

国内外组织、国家和学者提出的核心素养框架为我国的核心素养框架提供了有效的启示。总体来说，核心素养框架设计的路径必须考虑以下几个方面的问题。

一是政府作为主体，统筹核心素养框架的调查、设计、讨论与制定。

核心素养框架的提出，主要目的在于促进社会的发展，满足社会各种领域的需求，因此必须从社会整体中获取必需的素养，从中归纳凝练。美国 21 世纪核心素养研究的启示主要体现于整合政界、教育界、商界等各界的力量，成立专门的核心素养研究组织（林崇德，2016：81-82），法国核心素养亦由政府主导完成。

二是社会整体全体参与。核心素养是全体公民的素养，其框架的确定要从各行各业和普通民众中来，从中遴选核心素养。因此，各种行业需要研究、制定自己行业的核心素养，普通民众亦应该有其自身的核心素养。在此基础上，分析各种类型的核心素养框架，找出其中的交叉点，确定符合个体生活和社会发展共同需要的素养，即核心素养。

三是坚持多项原则指导。我国学生发展核心素养的制定坚持科学性、时代性和民族性的原则（林崇德，2016：序2 3），除此之外，还应该坚持系统性原则。核心素养具有系统特性，其内部各指标之间相辅相成、相互交织。作为整体的核心素养培养必须具有系统性，才能在实践中发挥整体功能（蔡清田，2015：5-9）

四是综合使用质性研究与量化研究两种方法（黄四林等，2016：8-14）。美国的 21 世纪核心素养即使用调查的方式展开，其优点是调查对象众多，数据回收、整理和分析容易操作。中国学生发展核心素养的制定为核心素养框架的设计提供了最有利的路径方法。作者访谈了 12 个领域的608 名代表人物，问卷调查了 566 名专家学者、校长和企业家等，汇总形成约 351 万字的访谈记录和大量调查数据，为建构符合国情特点和现实需要的学生发展核心素养框架提供实证依据。在此基础上，作者召开专家论证会 60 余次，结合理论研究和实证调查的主要结论，初步提出了核心素养总框架。此后，又召开征求意见会 20 余次，认真听取专家学者、管理干部、教研人员、一线教师和社会人士的意见建议，对总框架初稿进行修改完善。

五是坚持态度优先发展。将态度纳入核心素养范畴，纠正过去重知识、重能力、忽略态度之教育偏失（蔡清田，2012：158-162）。在核心素养系统内部，三者并重，知识是基础，能力是载体，态度是导向。态度确定了核心素养的发展方向，良好的态度是发展知识和能力的保障，如果有丰富的知识和高超的能力，却缺乏良好的态度，会成为欠缺核心素养的恶例（蔡清田，2011b：1－27）。新加坡出台的《新加坡学生21世纪技能和目标框架》列出的核心素养核心层为品格与道德培养，即属于态度层面。中国学生发展核心素养提出的核心素养之一为国家认同，即具有国家意识，了解国情历史，认同国民身份，能自觉捍卫国家主权、尊严和利益；具有文化自信，尊重中华民族的优秀文明成果，能传播弘扬中华优秀传统文化和社会主义先进文化；了解中国共产党的历史和光荣传统，具有热爱党、拥护党的意识和行动；理解、接受并自觉践行社会主义核心价值观，具有中国特色社会主义共同理想，有为实现中华民族伟大复兴中国梦而不懈奋斗的信念和行动（核心素养研究课题组，2016：1－3）。我们认为，国家认同不仅应该是中国学生的核心素养，应该推而广之，成为全体公民的核心素养。

6.5　关于核心素养培育和评估的几点思考

核心素养的培养是重中之重，目前世界多个组织、国家和学者均提出了核心素养培育和评估的方式，但是有几点需要引起重视。

首先，核心素养的培育和评估，均为特定的研究对象，评估目标亦为专门核心素养，例如学生核心素养，缺乏全社会范围内所有公民的核心素养评估。另外，核心素养是否改善了个人生活，促进了社会的良好发展，只存在于理论层面的认定，缺乏实践依据。

其次，具有高质量的个人生活、促进了社会发展的公民，不能局限于理论意义上的专家学者，而是需要予以界定，这也是核心素养培养中比较棘手的问题。同时，这类公民是否具备核心素养框架中的全部素养，目前还没有实践数据支撑。

再次，核心素养的培育，需要从核心素养系统内外部同时入手，其评估和鉴定亦应该如此。例如，一个在学校表现良好的学生，在校外经常违反交通规则，该如何评定该学生的核心素养，需要学校与社会共同决策。

最后，核心素养具有普适性，是说核心素养是全体公民应该具备的关键素养，并不意味着所有的公民都必须具备所有的核心素养内容。一个农民通过勤劳致富，带动周围人共同富裕，既过上了幸福生活，又促进了社会发展，但是却不会外语，或者无法用外语进行交流，不能说该农民不具备核心素养，或者评定为该农民的核心素养较低。

6.6　小结

本章依据系统哲学构建了核心素养框架，并对核心素养框架的建构进行了反思与反观，提出核心素养框架的设计路径，并强调了外部环境因素在其中的重要性，总结了其中需要关注的几项重点问题，最后提出几点思考，以期促进核心素养研究的深入发展。

第七章 学科核心素养系统框架

——以英语专业为例

7.1 学科核心素养的相关研究

20 世纪中后期，为进一步增强本国的竞争实力，提升人才培养的素质，世界各国和经合组织、欧盟、联合国教科文等国际组织已纷纷开展核心素养的相关研究。各个国家通过不同的方式，将其研究成熟的核心素养模型融入课程体系之中，实现了从旧有的重学科知识体系完备性、重知识结构轻能力培养的教育模式，向提升学生能力水平、促进其全面发展的新模式的转变。核心素养在教育领域的体现主要为学科核心素养，通过后者培养学生的核心素养。

在核心素养这个大概念下，衍生出各学科核心素养的概念，如语文核心素养、数学核心素养、英语核心素养等。因此，无论是从理论层面上，还是从实际操作层面上，都有必要开展基于学科的核心素养研究（程晓堂、赵思奇，2016：79—86）。

我国政府颁布了专门文件，对学科核心素养加以明确化，指导各类教学实践。《中等职业学校英语课程标准》提出学科核心素养是学科育人价值的集中体现，是学生通过学科学习与实践而逐步形成的正确价值观、必备品格和关键能力，英语学科的核心素养由职场语言沟通、思维差异感知、跨文化理解和自主学习四个方面构成，它们既相对独立又相互交融，构成有机的整体。2021 年 4 月 1 日，教育部颁布了《高等职业教育专科英语课程标准（2021 年版）》，对高职英语学科核心素养做了全面而细致的说明，提出让学生从四个方面发展，即职场涉外沟通、多元文化交流、语言思维提升和自主学习完善（赵桂霞，2023：17－20）。《普通高中英语课程标准（2017 年版，2020 年修订）》将"学科核心素养与课程目标"作为专门一章，把"英语学科核心素养水平划分"列为附录之一，而且在其他各章中都融入了学科核心素养的文字及理念。

7.2　学科核心素养的地位

王斌华认为核心素养居统领地位，高于各门学科的课程标准或教学大纲，对所有学科（包括英语学科）的教学设计具有导向作用。钟启泉明确提出核心素养下面是学科素养，然后是单元设计，最后是课时计划。鉴于中国目前的课程体系基础，程晓堂指出在中国核心素养的实现归根到底还需借助学科实践（孔冬秀，2017：110－112）。

核心素养投射入教育领域的主要形式为学生核心素养，后者的形成与塑造依赖于学科核心素养。所谓学科核心素养，即学生通过某一（些）学科的学习，能够掌握的供个体在个人生活和社会发展中起到促进作用的知识、能力和态度的集合。从另一个角度讲，学科核心素养应该为学习该学科的学生提供个人生活和社会进步协调发展所必需的知识、能力和态度，让学生在学科核心素养的学习中在知识、能力和态度层面均得到培育。因此，必须明确的是，核心素养不等同于学科核心素养，亦不是学生核心素养。学生核心素养是核心素养的一部分，源自核心素养，而学科核心素养是学科为了培养学生核心素养而具有的素养。另一方面，教育的目的在于培养学生的核心素养。这一目标的完成依赖于开设的各门学科的核心素养，因此具体学科核心素养的设计又取决于学生核心素养的规定。

学科核心素养具有跨学科的特质，分解为各学科核心素养，例如外语核心素养、语文核心素养、数学核心素养等。各学科核心素养具有的共性部分为学科核心素养，同时又具有自身学科的特征。目前各种学科核心素养的框架设置方式主要有以下几种：①英国模式为代表。主要包括两个方面，一是跨学科和跨领域的精神、道德、社会性与文化等以及这些方面发展所需要的核心能力，二是与学科领域紧密相关的关键能力。因此各个学科都体现核心素养，又同时具有自己特定的关键能力。②澳大利亚模式为代表。将核心素养细化至各个学科，某些学科将全部核心素养能力进行整合，有的学科则对部分能力整合。各学科中均设有专门部分阐释该学科如何体现跨学科核心素养以及与其他学科之间的关联性，并建立基于年级水平的评价标准。③芬兰模式为代表。核心素养与整体的课程融为一体化，跨学科的核心素养分解至各学科和各学段，进一步提出更为具体的学科目标和核心内容。教育目标、核心素养、学科目标之间衔接有序（成尚荣，2015：21－28）。

核心素养、学科核心素养和学生核心素养关系如图 4 所示。

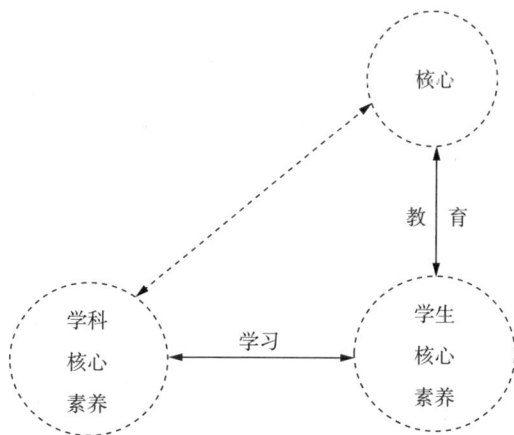

图 4　核心素养、学科核心素养与学生核心素养关系

上图为核心素养、学科核心素养和学生核心素养关系简图。三个虚线圆均表示开放型系统，即三者在内部均具有自己的要素，在外部具有环境

因素，且三者互为外部环境要素。核心素养在教育领域体现为学生核心素养，二者相互影响与制衡，即其中一者的改变会影响他者。另外，学生核心素养属于核心素养的一部分，其地位与工人核心素养等相同，因此两个虚线圆之间用双箭头实线连接。

核心素养与学科核心素养之间不属于隶属关系，二者性质不同，因此用双箭头虚线连接。学科核心素养无法直接灌输给学生，即学生不是直接学习学科核心素养，而是通过课程的学习。学科核心素养的设计来自学生核心素养的规定性，其目的在于培养学生的核心素养，这一目标的实现主要通过学习完成，二者之间存在双重关系，且相互影响，因此亦用双箭头实线连接。

学科核心素养地位框如图 5 所示。

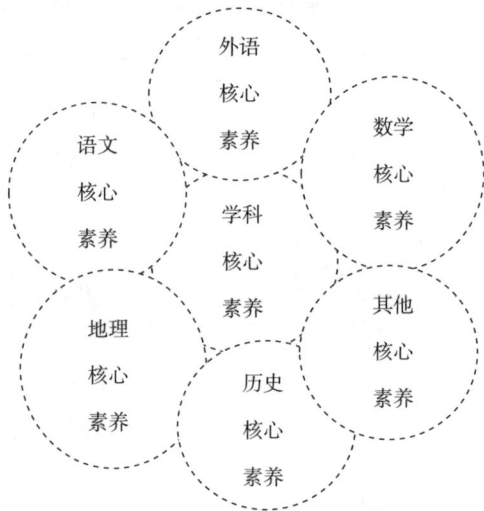

图 5　学科核心素养地位框架

上图中所有的虚线圆均表示开放型系统，即学科核心素养和各学科核心素养均具有动态变化性。学科核心素养居于正中，表征其核心地位，是各学科核心素养的源泉。图中各学科核心素养系统与学科核心素养系统的重合处表明各学科核心素养围绕学科核心素养这一中心制定，同时具有自身特质。虚线圆还可以表示各学科核心素养的范畴可以变化，重合之处即学科核心素养，体现了学科核心素养的跨学科性。各学科核心素养的虚线圆扩展，可以相互交叉，表明各学科核心素养之间具有共性，即具有共同或相似的部分。

7.3　英语学科核心素养系统框架

7.3.1　英语学科核心素养定义

我国学者对英语学科核心素养的定义进行了深刻而全面的探讨，提出不同的定义，但是核心思想大致相同，具有代表性的定义如下：

彭冬萍、曾素林（2017：40—42）认为英语学科核心素养即学生在英语学习过程中需获得的终身和社会发展需要的能力和品质。

郝成淼（2022：85—87，124）提出英语学科核心素养是指学习者通过英语学科的学习而形成的必备品格和关键能力。

从以上两种定义可以看出，几位学者均将学科核心素养的焦点置于能力和品格，这亦为所有学科的共同关注之处。然而两个定义却没有关注英语学科与其他学科的最大差异，即英语知识。借鉴学科核心素养的定义，可以将英语学科核心素养定义为学生通过英语学习能够掌握的供其在个人生活和社会发展中起到促进作用的知识、能力和态度的集合。

7.3.2　英语学科核心素养内涵

目前，我国政府和学者关于英语学科核心素养的内涵基本达成一致，即英语学科核心素养是与英语和英语学习相关联的能力与素养，结合了英语学科特点，凝练了英语学科的育人价值，进一步阐明通过学科学习，学生应形成怎样的价值观、必备品格与关键能力，包括四个维度：语言能力、文化意识、思维品质和学习能力（中华人民共和国教育部，2020）。语言能力主要指在社会情境中借助语言进行理解和表达的能力，是英语学科核心素养与其他学科核心素养的最大不同之处；文化意识指对中外文化现象的理解与认知，形成自己的文化认同感与鉴别力；思维品质指人的思维个性特征，反映其在思维的逻辑性、批判性、创造性等方面所表达的水平和特点，亦为英语学科核心素养中的核心；学习能力指学生主动拓宽学习渠道，积极调整学习策略，努力提高学习效率的能力（翼小婷，2016：48－51）。黄正翠（2016：63－67）通过回顾我国核心素养背景下的基础英语教育，指出英语学科既具备其他学科的通用作用，亦兼具自身学科的优势，主要包括国际理解和人文底蕴等。

英语学科核心素养既遵循了党的教育方针，体现教育立德树人的根本任务，又体现了英语学科的独特性。学生学习外语的目的，不仅是学习到一项语言技能，而且应注重通过外语学习和对外国文化的了解与借鉴，促进学生自身价值观、人生观的发展和综合人文素质的提高（程晓堂、赵思奇，2016：79－86）。

束定芳（2017：35－41）讨论了英语核心素养内涵，并提出了相关的质疑。其肯定了高中英语从综合语言运用能力到英语核心素养这一转变，但从内涵角度提出了自己的看法，即外语学科与母语语文学科又有所不同，其涉及与母语系统不同的语言技能、交际规则以及文化内容，因此，英语学科的核心素养有别于语文学科，应特别强调涉外、跨文化、国际视野等方面的特点。至于学习能力，除在基础阶段可以强调与外语学习特别有关的学习方法外，到了高中阶段，学习能力应与思维品格结合，不必单独作为学科核心素养之一。

张媛媛（2017：170－171）指出，英语学科核心素养的内涵可以概括为三个方面（语言能力、思维品质、文化意识）和两个关键（学习能力和情感态度）。语言能力、思维品质、文化意识互为影响、互相支撑、共同作用。学习能力和情感态度贯穿于英语教学的始终，为语言能力、思维品质和文化意识保驾护航，同时这三个方面又能在一定程度上助推学习能力和情感态度的形成与提高，对英语学科核心素养的形成起到关键作用。思维是智力与能力的核心，智力品质是智力活动中，特别是思维活动中智力与能力在个体身上的表现，因此，它又叫思维的智力品质或思维品质。思维品质主要包括敏捷性、灵活性、创造性、批判性和深刻性五个方面。

7.3.3　英语学科核心素养系统

从上述分析可以看出，虽然不同学者对英语学科核心素养的内涵有不同看法和建议，但是各种主张基本符合语言能力、文化意识、思维品质和学习能力等四项内容，涵盖了知识、能力和态度三种要素；其他素养，例如国际理解，可以归类为文化意识。因此，可以说英语学科核心素养包括语言能力、文化意识、思维品质和学习能力是较为可行的。由此，英语学科核心素养系统如图6所示。

由图6可以发现，在系统哲学视域下，英语学科核心素养为一个开放型系统。其外部环境因素与学科核心素养系统相同，故予以隐去。在英语学科核心素养系统内部，包含了语言能力、文化意识、思维品质和学习能力四个要素，四要素不是相互割裂的，而是相互关联的，形成英语学科核心素养系统结构。四要素自身又是开放型系统，具有自己的要素与结构。

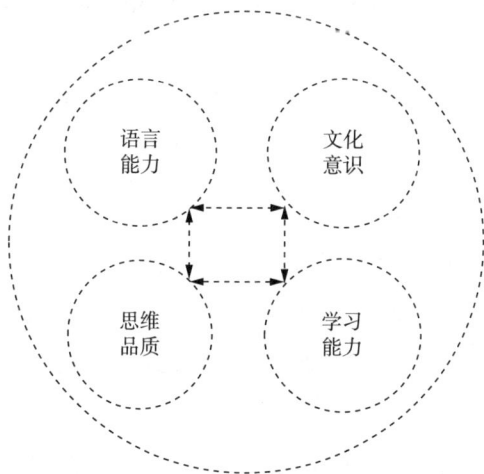

图6　英语学科核心素养系统

7.4　英语学科核心素养培育

英语学科核心素养的培育具有重要的作用，陈艳君等（2016：50－57）关注英语学科本土教学理论建构研究，认为基于英语学科核心素养进行人才培养，是英语专业教育改革的趋势，是将英语人才培养的工具性目标转向综合性目标的必经之路。在英语学科核心素养的培育方面，目前学界的研究者大多从以下几个方面进行探讨：

在教师教学模式方面，王蔷（2015：6－7）指出学生以主题意义探究为目的，以语篇为载体，在理解和表达的语言实践活动中，融合知识学习和技能发展，通过感知、预测、获取、分析、概括、比较、评价、创新等思维活动，构建结构化知识，在分析问题和解决问题的过程中发展思维品质，形成文化理解，塑造学生正确的人生观和价值观，促进英语学科核心素养的形成和发展。孔冬秀（2017：110－112）建议实行走班教学，采用"基础课程＋选择性课程"模式；吸纳最新的语言学研究成果，认识到语言同时具有意义和思维特征，重视采用认知教学法，特别是概念隐喻对学习者思维的促进作用。

在教学方式方面，杨自俭（2004：14－15）明确指出提高工具性训练和内容依托教学。刘森（2018：56－60）指出应该整体设计，以人文通识内容为依托，融合语言与思维，让学生在学习内容、获得知识、掌握语言的同时，提升思维能力和人文素养。冀小婷（2016：48－51）、潘秀明（2017：209－210）、张媛媛（2017：170－171）、茶思月（2023：173－181）等亦从不同角度分析了不同的教学方式对英语学科核心素养培育的有效性。

在教材建设方面，孔冬秀（2017：110－112）讨论了英语学科核心素养的培养策略，指出成功的学科教学，教材选择是前提，课程体系是保障，教学方法是途径。选择突显科技类、道德伦理和哲学类教材，且选材需明显体现真实性、时代性及争议性。束定芳（2017：35－41）提出英语学科核心素养的培养的建议，认为应该重视教材研究，优选体现思维能力的教材。

在学科建设方面，梁砾文、王雪梅（2017：50－56）研究了核心素养视野下的超学科语言课程群建构，建构了包含主干课程、广域课程、主题课程和隐性课程四个层次的超学科语言课程群的结构框架，实现整合传统语言教学内部、整合语言教学与其他学科教学以及整合学校教育与社会的功能。杨柳（2018）进行了基于学科核心素养的大学英语专业人才培养模式研究。欧阳子豪（2022：34－39，98）探讨了学科核心素养的融通培养问题，提出学科核心素养培养亟须转变平面分解、线性累加的割裂倾向。

在教育理念方面，潘秀明（2017：209－210）指出教师的教学理念是培育英语学科核心素养重要途径。郑秋萍（2017：73－75）认为，在基础英语教育中，培养学生的学科核心素养应该转变英语教育的理念。

7.5　小结

英语学科核心素养的设定是重中之重，关系到学生核心素养的培养目标是否能够顺利完成。首先，要结合学生发展特征，制定出阶段性目标，符合不同阶段学生的特征和发展需求。其次，要在英语学科核心素养框架指导下，设定课程培养目标。再次，对于该学科核心素养的评价，要实施多元评价，在考察其是否能够有效培养学生核心素养的同时，应该考虑到其他影响因素，例如课程设置是否合理、教学方法和过程是否科学，对学生核心素养的评价是否有效等。

第八章 教师核心素养系统框架设计与培育路径

——以英语专业教师核心素养为例

8.1 教师核心素养的重要地位

核心素养是每一个为了适应未来社会发展的人才必备的素质，其培育亦是整个社会协同努力的结果。但是，必须承认的是，学校教育是培育核心素养的主阵地。学生核心素养的培养，离不开教师，因此教师核心素养及其培育是核心素养研究不能回避的课题。正如钟启泉（2016：3－25）所指出的，新时代倡导培养学生核心素养意味着教师的知识观、教学观、评价观与教育教学理念的转型，提升教师核心素养是培养学生核心素养的前提和关键。

关于教师核心素养的定义，不同专家提出了不同的答案。仁毅、任国荣（2017：59－60）为教师核心素养下的定义为：教师在教育教学过程中应具备的基础知识和能力，包括道德素养、知识素养、能力素养和心理素养。杨志成（2017：14－20）认为教师核心素养是教师发展的必备品格和关键能力，其中必备品格是指教师的理想信念、道德情操、仁爱之心、锤炼品格、奉献祖国，关键能力是指扎实学识、学习知识和创新思维。曾文茜、罗生全（2017：49－54）将教师核心素养作为新世纪中教师素养的共同底线，认为其乃教师能力结构的整合，是教师与教学情境互动的产物。王光明等（2018：47－54）认为教师核心素养指教师在接受和参与教师教育、从事教育教学以及投身教研等活动中形成和发展的，能够适应社会发展、教师职业要求和促进自身专业发展，带有统帅作用的能力。张地容等（2018：8－11）从"以生为本"的理念视角进行研究，认为教师核心素养就是培育学生核心素养的素养，就是让学生获得、掌握文化基础、自主发展、社会参与方面的素养。王潇晨等（2020：8－11）认为教师核心素养是教师基于专业知识和能力、须在实践中形成的、能够在教书育人过程中促进学生核心素养发展的必备素养。孟雪等（2023：80－85，95）提出在新时代背景下，教师核心素养是帮助学生发展和核心素养养成而必须具有的知识、态度、能力的组合，其特征主要包括：以有效教师培养为核心；以引导教师的自主发展为最终目标；兼具跨学科层面的广度和宽度。教师核心素养的构成主要包括四个方面，即平等沟通与融洽互动、适切示范与专业诊断、前提性省思与多元化创新和教学专业自主发展。

8.2 教师核心素养研究

国内外学者对教师核心素养的研究紧随核心素养研究之后，取得了一定的成果，现扼要总结如下。

8.2.1 国外相关研究

2011 年，欧盟委员会发布了教师专业发展的文献综述报告《教师核心素养：要求与发展》，界定了教师素养与教学素养的异同（马琳，2020：196－197）。2013 年，欧盟教师专业发展主题工作小组发表了《教师核心素养：需求与发展》，提出了三个层面的教师核心素养，即：专业的学科知识；涵盖信息通信技术、跨领域能力、建设安全的学校环境等的教师技能；具备反思性实践、研究、创新和合作与自主学习等文化或态度（成尚荣，2015：21—28）。

Bhatia（转引自孙有中等，2016：9—15，56）指出优秀的专业英语教师应该具备语言技能、教学能力、专业知识和评价能力四种能力。语言技能指教师的语言基本功。教学能力包含三种能力：一是教学实践能力（如写教案、管理课堂活动、使用教材和教学资源等），二是课堂行动研究能力，三是职业发展自我管理能力。专业知识包括核心知识、相关知识、跨学科知识三类知识：核心知识指语言学和文学知识等；相关知识指心理学和教育学知识等；跨学科知识指经济学、管理学知识等。评价能力指自我评价能力、教学（过程）评价能力、学生评价能力。

总体来说，国外基于学生核心素养提出的教师必备素质为：团结合作；运用知识、技术和信息；融入社会。纵观美国、澳大利亚及欧盟的外语教师专业发展体系框架，外语教师专业能力构成要素可归纳为专业知识、专业技能、专业素质三部分。从内容上看，美国、澳大利亚及欧盟的描述均包含共同成分——专业知识，五个标准均涉及语言能力、语言文化相关学科知识和语言习得理论知识。专业技能中最受关注的是外语教师的测试评估能力与教学实践能力。专业素质主要以可持续在职学习专业发展、教学实践反思和倡导语言教育为重点（仲伟合、王巍巍，2016：2—8）。

8.2.2 国内相关研究

2014年，教育部印发的《中国学生发展核心素养》将构建教师核心素养的基本框架分成三个方向：师德与理念素养、知识与能力素养以及综合素养，它标志着我国教育改革的"总开关"就此打开（钟启泉，2016：3—25）。

梁艳、罗朝盛（2022：13—17）探究了应用型高校"双师型"教师核心素养，主要包括职业品质、专业素养、教育素养、服务素养等四个维度。刘超等（2022：77—84）利用知识图谱探究了中小学教师核心素养研究的热点、演进与展望，指出应该构建中国特色的教师核心素养"国标"、优化教师核心素养培养路径、构建教师核心素养测评体系，为教师核心素养培养和教师专业发展提供目标指向。苗光宇（2022：8－12）研究了高校教师教育者核心素养的内涵：理解教师教育、研究师范生与中小学生、发展专业自我等三个维度。潘超（2022：98－105）指出应用型高校教师核心素养结构包括三个子系统，涵盖九个核心素养，即知识系统、能力系统和情意系统。其中，知识系统包含三个知识类核心素养，是应用的基础；能力系统包含三个能力类核心素养，是应用的内核；情意系统包含三个情意类核心素养，是应用的保障。孙继红（2022：108－111）提出新时期教师核心素养包括知识素养、情感素养、教研素养与信息素养等。张博、徐祖胜（2022：274－280）基于高等学校人才培养、科学研究和社会服务三大职能定位，提出高校教师核心素养包括教育研究素养、促进就业素养和知识转化素养三个方面。王煜、何莎（2022：84－91）对教师核心素养与核心能力进行了实证研究。运用探索性因素分析、验证性因素分析，实证了教师核心素养维度包含政治素养、道德素养、文化素养、教育精神，同时实证了教师核心能力维度包含教育教学能力、教研和创新能力、沟通和合作能力、学习和反思能力。

借鉴国外优秀外语教师标准框架，研究我国外语教师核心素养内容的有：张莉和刘金梅（2015：84－87）基于 NBPTS 美国优秀外语教师认定标准，提出我国卓越英语教师必备专业素养为：优秀的思想道德素质，扎实的文化素质和良好的能力素质。仲伟合和王巍巍（2016：2－8）借鉴美国、澳大利亚和欧盟外语教师专业发展的相关要求，依据国际标准师资队伍建设内容，提出了我国英语教师专业能力发展的冰山模型，该模型包括三个要素：知识、技能与素质。冰山水面以上为专业知识与专业技能，此两者为教师专业能力的外在表征，专业技能是专业知识应用的应用体现。冰山水面以下为专业素质，是教师专业能力发展的内在动因，对专业知识和专业技能的表现起着关键作用。

有些学者依据不同的理念开展了教师核心素养的研究。张义红（2008：122－123）指出在和谐社会背景下教师素养主要指师德素养、知识素养、信息素养、科研素养和法律素养等。张丹枫、张立（2009：9－

10，23）指出，在新课改背景下，教师素养应该包括理念素养、操作素养、引领素养、智慧素养、科研素养、心理素养和学习素养等。王丽波（2013：73－75）总结了教师素养的主要内容：思想政治素养、职业道德素养、知识水平和教育理论素养、专业能力素养和心理素养等。郑金洲、吕洪波（2016：54－57）探讨了新时代教师的定位，总结了教师素养框架，主要包括：信息素养、创新素养、跨学科素养、媒体素养、社会参与和贡献素养、自我管理素养。仲伟合、王巍巍（2016：2－8）讨论了"国家标准"背景下我国英语类专业教师能力构成与发展体系建设，指出在"国家标准"下，专任教师除了应符合《中华人民共和国教师法》规定的资格和条件、履行相关义务、恪守职业道德和规范，还要达到专业知识、行业知识、外语教学与学习理论和方法、相关学科知识、语言基本功、教学设计能力、课堂组织和管理能力、现代教育技术运用能力、教学反思和改革能力、实践能力以及科研能力等方面的具体要求。崔永光、韩春侠（2018：26－31）总结了新标准指导下高校英语专业青年教师的核心素养：具备扎实的专业理论素养、深厚的学术研究素养和综合的科学精神与人文素养。其提出了培养策略：搭建培训平台，构建科学多元的教师评价体系；建立学术共同体，培养合作精神与学术情怀；把握时代脉搏，规划职业生涯，践行终身学习理念。工晓娜、闫怡恂（2019：209－210）在师范认证理念下讨论了我国英语教师核心素养研究成果。张泊平等（2022：166－168，172）总结了新时期教师核心素养，包括政治素养、师德修养、教育素养、专业素养和科学素养，每一个一级指标下又包括数目不等的二级指标。张静等（2022：101－109）在师范专业认证理念下讨论了师范生教师核心素养，将师范生教师核心素养划分为四个二级指标：政治素养、教学素养、育人素养和发展素养，并进一步分解为八个三级指标：师德素养和教育情怀、学科素养和教学能力、班级管理和综合育人、沟通合作和实践反思。

有些学者没有明确研究核心素养，却提出了优秀教师必须具备的素质。吴一安（2005：199－205，241）认为，优秀外语教师素质由四个维度构成：外语学科教学能力、外语教师职业观和职业道德、外语教学观、外语教师学习与发展观。史耕山和周燕（2009：26－29）对30位优秀离退休教授进行访谈，归纳出老一代优秀高校英语教师的素质内涵，包括师德素质、情感素质、自我发展素质和包括语言素质、教学能力和知识面在内的专业素质这四个类属。张先华、龚珏（2022：49－54，78）指出卓越教师核心素养是卓越教师应具备的必备品格和关键能力。卓越教师热爱教育，有使命感，即对教育具有强烈的感情、坚强的意志，视教育为毕生的事业，视为党育人、为国育才为使命。

8.3 英语专业教师核心素养系统框架

张文婷等（2021：136－149）探析了教师核心素养的结构层次，发现教师核心素养结构的基本形式有如下几种：并列式、总分式、叠加式、矩阵式、立体式和复合式，指出高校教师核心素养结构是一种复杂的系统。从国家层面对高校教师核心素养的具体要求来看，主要涵盖师德与专业理念、理论知识、教育教学能力及专业发展能力等维度（赵荣，2021：68－72）。从众多学者对高校教师核心素养的研究来看，主要涉及师德、知识、技能、学术、精神、文化等若干独立或略有交叉的多个层面（王光明等，2019：81－88）。按照核心素养的构成三要素来看，可以将英语教师核心素养概括为：政治素养、师德师风、外语知识、教育知识、教育教学能力和专业发展能力，在系统哲学视域下尝试构建英语专业教师核心素养系统框架，如图7所示。

如上图所示，英语专业教师核心素养系统包含知识、能力和态度三种要素，三要素之间的关系不再赘述。各种要素作为子系统又包括各自要素，例如知识子系统包括外语知识和教育知识两个子要素，能力子系统包括教育教学和专业发展两个子要素，而态度子系统则包括政治素养和师德师风两个子系统。

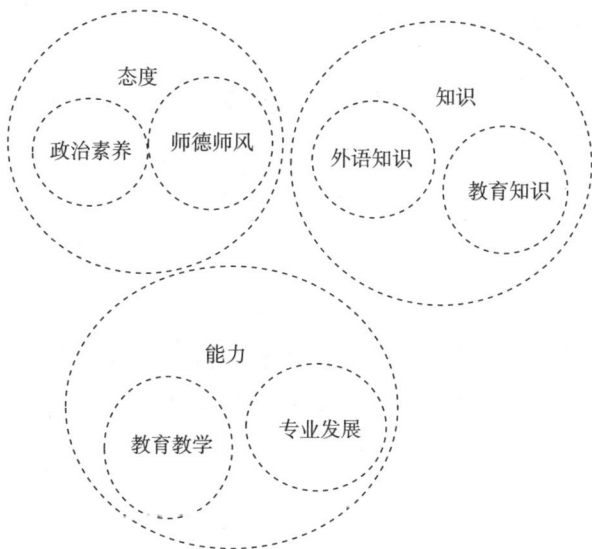

图 7 英语专业教师核心素养系统框架

8.4 教师核心素养培育路径

长期以来，我国高校教师资格认证标准较低，导致一些必要的素养不够，有些年轻教师没有受过专门的师范技能训练，对教学理论和技能掌握不够，质量参差不齐（程晓堂，康艳，2010：40－44），因此教师核心素养培养势在必行。总体来说，教师核心素养的培育，可以从以下几个层面考虑：

8.4.1 国家层面

应该重视教师核心素养大调查，在全国范围内通过大数据分析全部教师核心素养以及不同专业、不同层次的教师核心素养内涵框架。同时，结合不同地区实情予以区别。这类大数据调查，耗时耗力却又极其重要，必须由政府部门牵头，组织专门机构进行，发挥助推作用。

8.4.2 学校层面

学校应制定科学的教师发展规划与制度以加强师资队伍建设，通过学历教育、国内外进修与学术交流、行业兼职或挂职等方式开展教师培训实践，使教师不断更新教育观念，优化知识结构，提升专业理论素养、教研水平和实践能力（仲伟合、王巍巍，2016：2－8）。不同学校根据各自学校特色和区域经济、教育等发展需求，制定教师发展计划。发挥教师自主性和创新性，赋予其更多的自主权，为教师提供良好的发展环境。

另外，学校还应该满足教师个体化发展需求，激发长效动力；增强教师的胜任感，提升其自豪感；实现协同发展氛围，促进共赢（胡萍英、张家秀，2021：70－81），发挥保障作用。

8.4.3 教师层面

教师是教师核心素养培育的主体。教师，尤其是年轻教师，应该提升对教师核心素养的重视，提高内驱力，针对教学工作的需要，查漏补缺，提高自己的素养。对教师核心素养的重视，是培育教师核心素养的关键所在。

8.5 小结

本章以英语专业教师核心素养为例，分析了教师核心素养系统。教师核心素养是培育学生核心素养的前提和基础，只有具有高度教师核心素养的教师才有更大的可能培育学生核心素养。在总结国内外关于教师核心素养的基础上，提炼了英语专业教师核心素养中的知识、能力和态度三种要素的子要素，进而提出了培育教师核心素养的几条建议，以期引起对教师核心素养的重视。

第九章 学生核心素养系统
框架设计与培育路径

本章主要依据系统哲学思想，探讨学生核心素养的地位、框架结构与培育路径。

9.1 学生核心素养相关研究

核心素养是一系列可移植的、具有多种功能的知识、技能和态度，目前核心素养研究多集中于教育领域，例如学科核心素养、学生核心素养和教师核心素养。部分核心素养的内涵与框架基于学生目标群体提出，例如经济合作与发展组织的 DeSeCo 项目和欧盟均提出核心素养为在义务教育结束时学习者应该具备的关键素养，并且在后续的终身学习中继续发挥其基础性作用（林崇德，2016：13－17）。

学生核心素养指学生应该具备的、能够适应终身发展需要的必备品格和关键能力，强调在变化的情境中，学生通过反思将知识、技能和情感进行融合（成尚荣，2015：21－28；核心素养研究课题组，2016：1－3）。鉴于学生是核心素养培养的主要目标群体，目前学界研究的重点聚集于学生核心素养，主要表现于以下几个方面：学生核心素养的框架内容、解读、培育、评估、意义以及其他国家培养模式对我国学生核心素养培育的启示等。部分学者对专门学生核心素养提出了探索，包括外语、语文、数学、地理、护理与社会福利。研究角度主要有共同体、社会主义核心价值观、专家评定与师范生自我认知、终身发展、社会需求、新生态、教育生态系统、茨格勒理论、新文科语境。研究对象包括研究生、拔尖创新人才、高等教育学生、中学生、中外合作大学国际化人才。有些学者没有明确说明，但是其探讨的实质亦为学生核心素养，例如庄智象等（2012：41－48）讨论了国际化创新型外语人才必备的素质。

学生核心素养培育取得了一系列显著的成效，但是不足依然存在，主要表现于学生总体发展水平不高，呈现片面化，可持续发展动力不足。教学目标过度追求知识和技能，创新能力和心理素质等匮乏，无法满足学生发展和社会进步的需求（靳玉乐等，2018：12）。因此，关于学生核心素养的探索依然需要深入进行系列研究，包括其范畴框架、培养与测试。关于中国学生核心素养的研究仍处于起步阶段，有关核心素养的定义和内涵、核心素养的培养途径、核心素养的测评方法等问题，学界仍在探索之中，尚未形成相对成熟的认识。

9.2　学生核心素养地位

核心素养为全体公民为了个人的高质量生活和社会的健康发展而必须具备的关键素养。学生属于公民的一部分，学生核心素养是学生在接受相应学段的教育过程中，逐步形成的适应个人终身发展和社会发展需要的必备品格与关键能力。它是关于学生知识、技能、情感、态度、价值观等多方面要求的结合体（林崇德，2016：29－30）。

核心素养是一切专门素养的基础，从所有的专门素养中凝练而来，又蕴含于所有的专门素养之中，即所有的专门素养均须体现出核心素养的内涵，又具有自身的特色，学生核心素养亦如此。同理，学生核心素养亦为所有阶段和所有专业学生的核心素养的基础，不同专业的学生核心素养需要体现学生核心素养的意蕴。

图 8 为学生核心素养地位框架图，所有的虚线均表示动态变化。从图中可以看出，核心素养居于该框架的最深层，表示核心素养是所有其他核心素养的基础，是最核心的素养。在核心素养系统外部，有学生核心素养等各类专门核心素养，表征核心素养是其基础，各类专门核心素养均需要围绕核心素养进行设计。在学生核心素养外层（限于篇幅，其他专门核心素养外部并未列出次一级核心素养），有英语、语文和其他各类专业学生的核心素养。各类专门学生核心素养均需要围绕学生核心素养设计，后者是前者的基础、前者的共同的关键素养。归纳而言，各类专门学生核心素养的设计与培育均离不开学生核心素养这一整体框架。

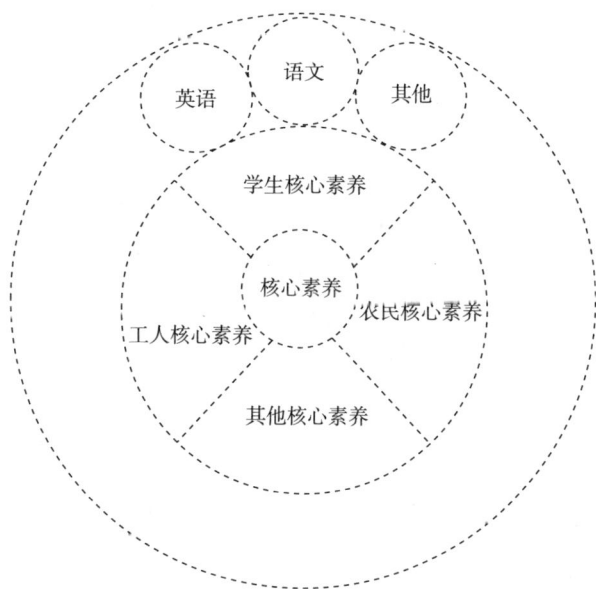

图 8　学生核心素养地位框架图

正如经济合作与发展组织和欧盟的倡议所提，学生核心素养亦可以成为其他类别的，尤其是工作者核心素养的基础，可以在后续的终身学习中发挥其基础性作用（林崇德，2016：13—17）。

9.3 学生核心素养框架

各国际组织、国家、地区和学者制订了不同的学生核心素养框架。总体来说，学生核心素养框架的制定，需要考虑以下几个方面的问题：

9.3.1 学生核心素养系统内部要素地位并重，态度发展优先

此处的态度，既指学生需要具备健康的心态、乐观的精神和积极进取的态度，又指学生的国家意识、家国情怀等，后者更为重要。习近平总书记于 2016 年在全国高校思想政治工作会议上提出培养什么样的人、如何培养人以及为谁培养人这个根本问题。学生核心素养是对党和国家的宏观教育目标的解读与落实，是连接宏观教育理念、教育目标和具体学科的教育内容、教学方式的中介环节，是对党的教育方针政策、国家总体教育目标的解释框架（林崇德，2016：33－34）。目前多数学生核心素养框架均围绕"培养什么样的人、如何培养人"设计，却忽视了"为谁培养人"这一重中之重。我们认为，后者应该作为核心素养培养的首要问题。缺乏核心素养中的这一根本要义，知识和能力的培养则毫无意义，有时会具有负面效应。教育工作者需要重新思考核心素养在学校育人过程中的重要价值，并以在学校课程教学中落实核心素养为抓手，回应培养什么人、怎样培养人、为谁培养人这样的根本性问题（李媛等，2022：80－88）。

核心素养是一个复杂的结构体，具有多维度性，既强调知识，又突出能力和态度等的重要性。没有正当态度的人，无论能力多高，都称不上具备素质。另外，素养突破了传统知识和能力的桎梏，能纠正过往的重知识和能力，而忽略态度的教育偏颇（蔡清田，2010b：93－104）。

9.3.2 学生核心素养系统内外规定性并举

核心素养框架的制定，不能仅围绕系统内部的知识、能力和态度子系

统内容及其相互关系的研讨，更应该考察系统外部要素的影响程度。外部
环境要素，尤其是社会发展需要具备何种核心素养的人才，是核心素养系
统要素制定的风向标，不能脱离社会需求而在教育系统内部徘徊。

9.3.3　学生核心素养的内容必须具有阶段性、衔接性

义务教育和高等教育分属于不同的教育阶段，学生核心素养必定存在
差异。核心素养既需要跨越具体学科的障碍，又需要对基础教育和高等教
育做统筹性的整体构思。同时，核心素养的各要素必须具有持续发展性，
不同的阶段可以相互衔接。需要指出的是，从发展心理学的角度观之，学
生核心素养并非在青少年时期结束，而是持续到成年期（蔡清田，2012：
45－46）。义务教育阶段结束，并不意味着学生核心素养能够实现。学生
能够实现个人生活和社会的协调健康发展，高等教育阶段的培养亦十分
重要。

9.4　学生核心素养培育路径

经合组织和欧盟均认为核心素养是应在义务教育结束时学习者应该具
备的关键素养，暗含着义务教育是培养核心素养的主体，忽略了其他培养
主体与机制的作用。核心素养的培育亦主要基于学校和培训机构的培养实
施，这一趋势的弊端主要在于将核心素养置于教育的藩篱，无法有效、充
分地满足个人和社会发展的有效统一。另外，该主张亦忽略了核心素养系
统的动态发展性。

学生核心素养的培育，需要从以下几个方面入手。

9.4.1　确定角色定位

学生核心素养的培育需要政府统筹，学校扮演主体角色，社会扮演强
化者角色，从而增加学习机会的质与量（吴明烈，2005）。核心素养的发

展不仅是教育体系的议题，应该在各种环境中得以发展，而且并非所有核心素养均能在学校教育中得以充分培育，因此学校、家庭、职场和相关社会场域均需要承担起各自责任（蔡清田，2012：45－46），学生核心素养亦是如此。

9.4.2 内外兼修，纵向衔接

学生核心素养既要在学校教育中加以培养，又要跳脱出学校的藩篱，在校外加强。教育的事实并不只限于学习，广义的教育兼具正式教育——学校及非正式教育——学校外的教育机构所发挥的功能。核心素养的培养一部分是由学校完成的，一部分是学校和社会共同完成的，另一部分则主要是依赖社会完成的，只是程度不同而已。例如家国情怀，就要在学校教育学生，在校外提供氛围。再如，如果小学阶段学校每天强调交通安全意识、防溺水意识等，而学生家长在接送孩子时经常闯红灯或者做出其他违反交通规则的事情，那么该学生的交通安全意识可能不会太高。而如果有的学生家长经常带孩子或者任由孩子自己去不安全的河边玩耍，那么该学生的防溺水意识难以得到提高。

同时，教育不单指知识与能力的学习，甚至包括整个生活中所接触到的所有学习，诸如品格、道德等。另外，每一个教育阶段的核心素养，可以作为下一个教育阶段核心素养的基础，可以逐渐加深加广而持续发展。所以核心素养是一种动态理论构念（Callieri，2001：228－231），可因学习经验、指导而不断提升并不断成长与发展（Stoof et al，2002：345－365）。

DeSeCo 项目通过研究指出，课堂习得的知识与能力不是核心素养的全部，即使是学生核心素养的获得也不可能在学校中完全实现，还需要学生在与同伴和社会的交际过程中习得。因此，绝不能把学生核心素养的研究囿于学校教育中（林崇德，2016：61－63）。1999 年颁布的《中共中央国务院关于深化教育改革全面推进素质教育的决定》提出，素质教育应当贯穿于幼儿教育、中小学教育、职业教育、成人教育、高等教育等各级各类教育，以及学校教育、家庭教育和社会教育等各个方面，在不同阶段和不同方面应当有不同的内容和重点，相互配合，全面推进。

9.4.3 情境设计

学生核心素养的培养，必须重视学习情境之规划设计（Lave & Wenger，1990），以促进个人与生活情境环境脉络的社会场域进行互动（Bourdieu，1983：241—258）。学生核心素养是在综合外部因素的基础上制定，其目的在于满足个人生活和社会发展的需要。社会生活与工作的场域范围极其广泛，必须在培养时设置不同的情境，提倡体验式学习，实施"以素养发展为导向的教学"（柳夕浪、张珊珊，2015：7—10）。人类学家Goody（2001：175 189）指出，核心素养的理论基础必须建立在实际的人类社会背景之上。因为教育常常被简化为学校活动，学校也往往被认为是培养核心素养之主要场所，但是学校本身已经相当程度地脱离真实的社会情境，从单一或少数学校活动无法培养核心素养的内涵。因此，核心素养的发展，必须通过人类的社会化，以及不一般性的文化环境而完成。这种人类学的论点，相当合乎多元学习所重视的学校外的教育，可扩展过去教育场所仅限于学校之议。尽管学校制度可以让学习者在短时间内学习大量的知识和技能，但是学校作为一种教育体系已具有其自身的局限。因此，扩展学校外的学习情境，可弥补学校教育之不足，并提供多元学习之可能（陈伯璋等，2007）。由于核心素养不是单独针对特定的学校教育阶段与教育类别，而是着眼于整个社会的教育体系与人力发展专业的共同架构（刘蔚之、彭森明，2008），更着眼于个人终身学习、生活适应、生涯发展、社会参与、公民责任等方面所需要的素养之培育与提升，因此，核心素养可以作为学校或社会各种职业场所中所需素养的正常理据，可通过各种学习情境脉络进行规划设计，像是在某一个学科领域中、某一特定职业、某一家公司里加以学习与运用（Weinert，2001）。

每项核心素养都具有跨越生活的各种不同社会场域疆界，并跨越各级学校的主要学习领域课程科目内容疆界，能有效参与学校教育、劳动市场、政治过程、社会网络以及家庭生活与学校学习等各种多元的社会生活场域层面，回应不同社会场域复杂需求之情动先决条件（Canto-Sperber & Dupuy，2001：67－92；Weinert，2001）。

9.4.4 重在落实

学生核心素养的培养，在学校教育中应通过具体的课程实施，各学科的课程都要为发展学生的核心素养服务，都要结合学科内容帮助学生形成关键能力和必备品格（中华人民共和国教育部，2014）。此处的课程不仅包括课堂教学，还包括课外活动、实践课程等各类型的课程和活动（吴清山，2011：1－3）。课程标准要依据学生核心素养制定，内容应该能够突出学生知识、能力和态度的培养（常珊珊、李家清，2015：29－35）。

9.5 学生核心素养评估策略

学生核心素养的评估是一个复杂的过程，目前众多学者对学生核心素养提出不同的测试或评估方案，但是均难以全面、客观地反映学生核心素养现状。究其原因，在于以下几点：①评估主体面向较窄。目前的评估主体多为教师，即学生核心素养的培育者。学生核心素养的评价，涉及教师的教学效果考核，从教师发展角度看涉及教师的晋升和进一步发展。学生核心素养的评价，既是评价学生，又是对教师的评价。教师既是教学的主体，又是评价对象，同时还是评价者，在评价过程中难以做到完全客观真实。②评价范围较小。目前的评价主要为学生核心素养系统的内部评价，即教育领域的评价，缺少系统外部环境因素的评价。例如外部环境中的社会和家庭评价较少地融入教育领域评价，导致评价结果不全面。③评价目标偏重知识，较少关注能力，忽略态度。目前学生核心素养评价的主要方式依然以考试为主，辅以过程性考核，但是前者的主体地位难以撼动，所有的选拔性考核主要依赖考试成绩，对能力，尤其是态度的考核较少。

④持续性、衔接性评价体系难以确立。中小学与高等教育不仅在教学内容层面脱节，在评价方式中亦存在脱节现象。学生升学与否主要取决于考试成绩，即知识素养。另外，目前还没有形成一套完整的评估机制可以测试与评价学生从小学到大学的核心素养培养过程与发展动态。

学生核心素养的评价是一个耗时耗力的复杂工程，要定性与定量评价相结合，多种方式组合。学生核心素养中的知识和能力相对显现，而态度则较为内隐。前者可以利用科学合理的测评方式结合形成性评价，而后者则可以采用定性与形成性评价组合的范式（林崇德，2016：30－33）。另外，两种类型的素养评价均需要进行多主体评价，即教师评价、生生评价等。一方面争取做到评价全面，另一方面与定性和定量评价互为参考。

9.6　小结

我国关于学生核心素养的研究成果丰富，但是缺乏系统性。在系统哲学视域下构建学生核心素养系统，可以发现学生核心素养属于专门核心素养，建基于核心素养系统。学生核心素养框架的制定，需要考虑系统内部要素地位并重，态度发展优先；系统内外规定性并举；内容必须具有阶段性、衔接性。其培育路径可以总结为：确定角色定位；内外兼修，纵向衔接；情境设计；重在落实。学生核心素养的评估，需要定性分析和定量分析相结合，并进行多主体评价。

第十章　英语师范专业学生核心素养框架

——以某高校外国语学院英语（师范）专业为例

10.1　英语师范专业的培养目标

根据教育部关于印发《普通高等学校师范类专业认证实施办法（暂行）》的通知，结合某高校本科办学定位和外国语学院的建设实际，将英语（师范）专业2023班培养方案的培养目标设定为：以习近平新时代中国特色社会主义思想和党的二十大精神为指导，全面贯彻党的教育方针，落实立德树人根本任务，面向国家和区域基础教育改革与新时代教师队伍建设需求，立足宿州、面向安徽省，培养具有良好的师德素养和人文科学素养，掌握扎实的英语语言基本功、厚实的英语语言专业知识和教育教学专业知识，拥有较强的英语教学能力、育人能力和终身发展能力，能够熟练使用英语从事中学英语教育教学工作，德智体美劳全面发展的中学英语骨干教师。

该专业学生毕业五年后的目标预期如下：

① 目标1：师德践行能力。具备过硬的思想政治素质，自觉落实党的教育方针，坚持立德树人，坚持依法执教；热爱英语教育事业，坚守教师岗位，坚持教书育人，表现出良好、稳定的教师职业形象。

② 目标 2：教学实践能力。具备一定的英语学科知识整合能力，能够熟练运用现代教育教学理论和教育技术，有效地组织和开展英语课堂教学，成为中学英语教师队伍的骨干力量。

③ 目标 3：综合育人能力。具备坚定的德育为先理念、较强的班级管理与指导能力，能够通过德育和心理健康教育开展有效的班主任工作；在教育教学实践中，能够坚持言传身教、教书育人，成为学生成长的引路人。

④ 目标 4：自主发展能力。能够主动适应国内外基础教育改革与本学科发展需求，自觉制定专业发展规划；勤于对教育教学问题开展反思和探究，能够采取有效的研究方法解决教育教学问题；在工作中乐于与人沟通，主动参与团队协作。

10.2　英语师范专业的毕业要求

习近平总书记于 2016 年在全国高校思想政治工作会议上提出培养什么样的人、如何培养人以及为谁培养人这个根本问题。"为谁培养人"是英语师范专业学生核心素养培养的重中之重，上述培养目标 1 即体现了这一问题。该高校外国语学院英语（师范）专业 2023 版培养方案的毕业要求即针对该类专业学生的核心素养设定。

10.2.1　师德规范

热爱祖国，自觉贯彻践行社会主义核心价值观，在思想、政治、理论和情感上认同中国特色社会主义，具有依法执教的意识，以立德树人为己任，立志成为有理想信念、有道德情操、有扎实学识、有仁爱之心的好老师。主要包括三个分指标点：

① 能够认同习近平新时代中国特色社会主义思想，自觉践行社会主义核心价值观，传承和弘扬中华优秀传统文化。

② 能够贯彻党和国家有关基础教育的方针政策，确立立德树人的职业理想，立志成为有理想信念、有道德情操、有扎实学识、有仁爱之心的好老师。

③ 能够履行中学教师职业道德规范，依法执教。

10.2.2　教育情怀

热爱英语教育事业，认同教师职业，忠诚党的教育事业，具有坚定的教育理想、积极向上的精神风貌和良好的人文科学素养，遵循学生的身心发展规律，尊重学生的独立人格，关心爱护学生，工作尽责用心，成为学生全面发展的引路人。主要包括三个分指标点：

① 能够热爱教师职业，对教师职业的意义和性质认识充分。

② 具有较好的人文科学素养，养成积极向上的精神风貌。

③ 能够关爱学生，以生为本，富有爱心、责任心、耐心和细心，工作尽责用心，成为学生全面发展的引路人。

10.2.3　学科素养

理解英语学科知识体系，掌握英语语言基本知识和技能，了解相关的跨学科知识，掌握语言学习的基本理论与方法，能够把英语语言和专业知识灵活运用于实践。主要包括四个分指标点：

① 能够系统地掌握英语语言基础知识，具备良好的听、说、读、写、译等基本技能，能够比较准确、流畅、得体地使用英语。

② 掌握英语语言、文学、文化等基本理论知识，能够在语言学习与教育教学实践中分析语言文化现象，解决问题。

③ 能够了解与语言学科相关的知识，能够整合相关知识并应用到英语语言教学实践中。

④ 掌握英语学习的基本方法，形成有效的学习策略。

10.2.4　教学能力

掌握现代教育教学理论、英语学科教学知识和中学生认知特点，准确理解学科课程标准内涵和要点，能够依据英语课程标准有效利用英语学科知识和现代信息技术进行教学设计与实施、评价与反思，具备初步的教学能力和教学研究能力。主要包括三个分指标点：

① 掌握心理学、教育学、英语学科教学等相关理论知识，了解中学生身心发展的一般规律和认知特点，理解英语课程标准内涵和要点。

② 能够掌握现代信息技术手段，具备英语教学设计、课堂教学、学业评价等基本教学技能。

③ 能够依据英语课程标准进行教材分析、学情分析，独立备课、上课、批改作业，形成一定的教学经验，并能够有效地将教学研究应用于教学实践。

10.2.5 班级指导

树立德育为先理念，掌握班级管理的原则、方法和基本规律，了解班主任工作的特点，在班级管理中注重德育教育和心理健康教育，能较好地开展班级工作，在班级建设指导中获得积极体验，积累德育工作经验。主要包括三个分指标点：

① 掌握中学德育目标与内涵，学会利用班级活动对学生进行德育教育。

② 掌握班级指导技能与方法，具有班主任工作有效体验，深刻认知班主任工作的特点。

③ 熟悉中学生心理发展特征，能够有针对性地对学生进行心理辅导。

10.2.6 综合育人

了解并遵循中学生身心发展和养成教育规律，初步掌握综合育人路径和方法，理解英语学科育人功能，能够在教育教学实践中开展育人活动，挖掘和运用英语学科的德育元素和资源；了解学校环境和文化的育人价值，初步掌握在校园文化活动中开展主题育德和社团育人的原则和策略，促进学生全面发展。主要包括三个分指标点：

① 掌握中学生思想品德培育、人格塑造、行为习惯养成的过程与方法，具有促进学生全面健康发展的能力。

② 掌握英语学科育人功能，在英语教学实践中坚持正确的价值引领，将学生的知识学习、能力发展与德育教育有机结合。

③ 掌握学校文化和教育活动的育人价值，能够在教育实践中设计与指导具有英语学科特点的课外活动或社团活动，从而促进学生全面发展。

10.2.7 学会反思

具有专业发展意识和终身学习理念，能够根据教育发展需求制定专业学习和职业发展规划；具备一定的创新意识，敢于探索创新，能够运用批判性思维方法，初步学会分析和解决教育教学实际问题。主要包括三个分指标点：

① 掌握教师专业发展的核心内容、发展阶段与路径方法，把握国内外基础教育英语课程改革前沿动态，结合自身实际制订职业发展规划。

② 能够在学习过程中学会质疑、求证和判断，掌握基本的批判性思维方法和反思技能。

③ 能够在实践中发现问题，收集信息，总结反思、自我诊断和自我改进。

10.2.8 沟通合作

具有共同学习提高的意识，具备良好的团队协作精神、表达与沟通能力，能够在专业学习与教学实践中与团队成员互助合作、分享经验，和谐共进。能够有效交流沟通，在跨学科、跨文化背景下的团队中发挥作用。主要分为三个分指标点：

① 能够在课内外学习活动中理解和体验学习共同体的特点与价值，掌握团队协作学习的知识和技能。

② 能够在教学实践中观摩互助、合作研究、小组实习，乐于分享交流，共同分析、解决问题。

③ 具有良好的社会适应性,在教育实践中获得与学校领导、同事、学生、家长及社区沟通交流的技能及体验。能够在跨学科、跨文化的团队合作中发挥积极作用。

10.3 英语师范专业学生核心素养模型

根据上述培养方案的内容,可以构建英语师范专业学生核心素养模型,如图 9 所示。

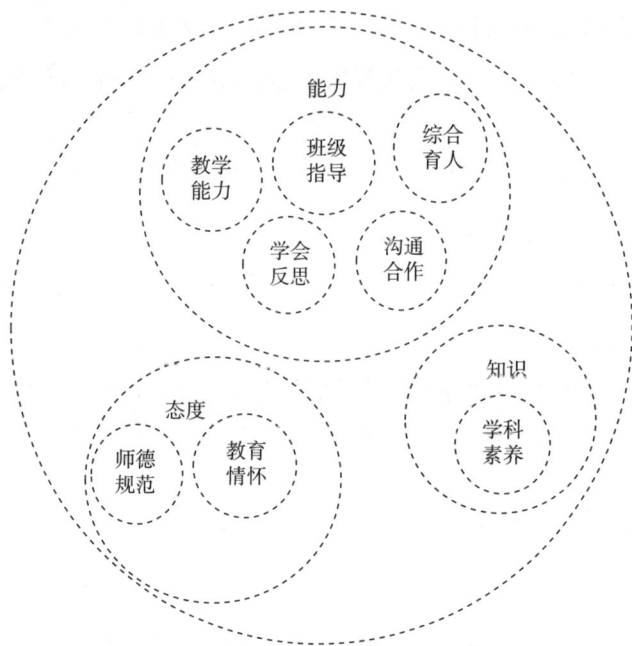

图 9 英语师范专业学生核心素养模型

该图为基于该高校外国语学院英语(师范)专业 2023 版培养方案构建的英语师范专业学生核心素养模型框架简图。外层虚线圆表示开放型核心素养系统,内部包含态度、知识和能力三个要素,或曰子系统。各子系统又包含自己的要素,例如,态度系统包含师德规范和教育情怀两个要素,知识系统包含学科素养要素,能力系统包括教学能力、班级指导、综合育人、学会反思和沟通合作等要素，各要素又可以作为次一级的系统具有自己的要素，例如师德规范又可以包括三个要素。

篇幅所限，上图中没有画出各子系统和各种要素之间的相互关联虚线。然而必须指出：英语师范专业学生核心素养系统中各要素之间相互关联，即态度、知识和能力三者一体，不可分割。同样的，在各子系统内部，例如态度系统内部，师德规范和教育情怀两种要素之间也相互关联，共同构成态度系统。二者之间不是 $1+1=1$ 的关系，而是 $1\times1=1$ 的关系。

10.4　学生核心素养合理性评价

核心素养此处与培养方案中的毕业要求同属于一个概念，基于培养目标形成，又由课程体系实现，因此外国语学院教学分委会讨论通过了培养目标、毕业要求和课程体系合理性评价办法。

10.4.1　培养目标合理性评价

该学校外国语学院教学分委会于 2023 年 9 月讨论通过了《外国语学院培养目标合理性评价办法（试行）》（外院字〔2023〕16 号），具体内容如下。

为贯彻落实习近平新时代中国特色社会主义思想和党的二十大精神以及习近平总书记关于教育的重要论述、全国教育大会精神，深化新时代本科教育改革，建立"学生中心、产出导向、持续改进"的培养模式，确保整个课程体系能够覆盖全部毕业要求，每门课程都能够实现其在课程体系中的作用，支撑专业课程目标、毕业要求和人才培养目标的达成，根据《普通高等学校本科专业类教学质量国家标准》（以下简称《国标》）、《普通高等学校本科外国语言文学类专业教学指南（上）——英语类专业教学指南》（以下简称《指南》）、《普通高等学校师范类专业认证实施办法（暂行）》（教师〔2017〕13号）、该高校《人才培养质量达成度评价工作实施办法（试行）》（校教字〔2023〕32号）、该高校《本科专业培养目标合理性评价办法（试行）》（校教字〔2022〕28号）等相关文件要求，特制定外国语学院培养目标合理性评价办法。

（1）评价依据

培养目标合理性评价以党的教育方针和国家教育政策为根本依据，以《国标》《指南》及各专业的认证标准为技术依据，以学校发展目标定位、服务面向定位和专业发展规划为内部依据，以国内外专业发展趋势和区域经济社会发展的需求为外部依据。

（2）评价对象

各专业人才培养方案中的培养目标。

（3）评价周期

与培养方案的修订周期相同。

（4）评价主体

培养目标合理性评价主体涵盖本专业在校学生、教师、各级教育行政部门、学校相关职能部门管理人员、学院党政领导和教学管理人员、毕业生、用人单位和学生家长等利益相关方。

（5）评价工作责任机构、责任人和主要职责

责任机构：培养目标合理性评价工作小组。

责任人：外国语学院院长为培养目标合理性评价工作的责任领导，副院长为培养目标合理性评价工作的第一责任人。教研室主任（专业负责人）是培养目标合理性评价工作的直接责任人。主要参与人员：外国语学院党委书记、院长、党委副书记、副院长、专业负责人、教研室主任、教学督导和专业骨干教师等。

工作组主要职责：制定工作方案，确定评价对象，确定参与评价的主体，制定评价办法，统计审核评价结果，撰写报告，提出持续改进要求。

（6）评价内容和方法

① 培养目标合理性评价内容主要包括：培养目标是否贯彻党的教育方

针、落实国家和地方教育相关政策。培养目标是否符合学校办学定位、人才培养定位；培养目标是否满足学生职业期望、家长期望、行业发展需求、用人单位需求、毕业后五年左右学生发展需求等。

② 评价方法如下：

一是培养目标合理性评价采用内部和外部相结合的评价方式进行。学院评价工作小组综合专业内外部的评价结果，进行研讨分析，最终形成培养目标合理性评价结果。

二是内部评价主要来自学院教学分委会、专业教师及在校学生等方面的意见和建议，采用研讨、座谈和问卷调查等方式进行。外部评价主要来自毕业生、用人单位、行业企业专家、学生家长等利益相关方的意见和建议，采用座谈和问卷调查等方式进行。

（7）评价程序

依据上级文件和本办法，根据专业属性制定实施细则，开展评价，形成《××专业人才培养目标合理性评价报告》，报学院教学分委员会审议。

（8）评价结果运用

学院培养目标评价工作小组对通过多种评价方法获得的评价结果进行综合分析，形成《××专业培养目标合理性评价报告》，包括专业基本情况、评价依据、评价方法、评价对象、评价结果及分析、主要问题及改进措施等。学院教学分委会审议《××专业培养目标合理性评价报告》，专业根据评价结果制定改进措施，形成"评价—反馈—改进"闭环管理的持续改进机制，作为培养目标修订和课程教学持续改进的重要依据。

10.4.2 毕业要求合理性评价

该学校外国语学院教学分委会于 2023 年 9 月讨论通过了《外国语学院毕业要求合理性评价办法（试行）》（外院字〔2023〕14 号），具体内容如下。

为贯彻落实习近平新时代中国特色社会主义思想和党的二十大精神以及习近平总书记关于教育的重要论述、全国教育大会精神，深化新时代本科教育改革，建立"学生中心、产出导向、持续改进"的培养模式，确保整个课程体系能够覆盖全部毕业要求，每门课程都能够实现其在课程体系中的作用，支撑专业课程目标、毕业要求和人才培养目标的达成，根据《普通高等学校本科专业类教学质量国家标准》（以下简称《国标》）、《普通高等学校本科外国语言文学类专业教学指南（上）——英语类专业教学指南》（以下简称《指南》）、《普通高等学校师范类专业认证实施办法（暂行）》（教师〔2017〕13号）、该高校《师范类专业人才培养质量达成度评价管理办法（试行）》（校教字〔2022〕6号）、该高校《本科专业培养目标合理性评价办法（试行）》（校教字〔2022〕28号）等相关文件要求，特制定外国语学院毕业要求合理性评价办法。

（1）评价依据

毕业要求合理性评价以党的教育方针和国家教育政策为根本依据，以《国标》《指南》及各专业的认证标准为技术依据，以学校发展目标定位、服务面向定位和专业发展规划为内部依据，以国内外专业发展趋势和区域经济社会发展的需求为外部依据。

（2）评价对象

各专业人才培养方案中的毕业要求。

（3）评价周期

与培养方案的修订周期相同。

（4）评价主体

毕业要求合理性评价主体涵盖学校相关管理部门、教学督导员、专业负责人、专业教师、辅导员、在校学生、毕业生、学生家长、用人单位、学生实习实践单位、行业企业专家、行业主管部门等利益相关方。

（5）评价工作责任机构、责任人和主要职责

责任机构：毕业要求合理性评价工作小组。

责任人：外国语学院院长为毕业要求合理性评价工作的责任领导，副院长为毕业要求合理性评价工作的第一责任人。教研室主任（专业负责人）为毕业要求合理性评价工作的直接责任人。主要参与人员：学院党委书记、院长、党委副书记、副院长、专业负责人、教学督导和专业骨干教师等。

工作组主要职责：制定工作方案，确定评价对象，确定参与评价的主体，制定评价办法，统计审核评价结果，撰写报告，提出持续改进要求。

（6）评价内容和方法

① 毕业要求合理性评价内容主要包括：毕业要求对培养目标的支撑度、毕业要求与毕业生职业发展的吻合度、毕业要求与用人单位对人才需求的吻合度、毕业要求与行业发展对人才需求的吻合度等。

② 评价方法如下：

一是毕业要求合理性评价采用直接和间接评价结合、定性与定量评价结合、内部评价与外部评价结合的综合评价方式进行评价。评价前需确认各项毕业要求采用的评价方法的合理性。

二是内部评价由学校相关管理部门、教学督导员、本专业教师及在校学生等通过研讨、座谈和问卷调查等方式进行。外部评价由毕业生、用人单位、行业企业专家、学生家长等通过座谈、走访及问卷调查等方式进行。综合专业内外部评价结果，最终形成毕业要求合理性评价报告。

（7）评价程序

依据上级文件和本办法，根据专业属性制定毕业要求合理性评价实施细则，开展评价，形成《××专业人才毕业要求合理性评价报告》，报学院教学分委会审议。

（8）评价结果运用

学院毕业要求评价工作小组对通过多种评价方法获得的评价结果进行综合分析，形成《××专业人才毕业要求合理性评价报告》，包括专业基本情况、评价依据、评价方法、评价对象、评价结果及分析、主要问题及改进措施等。学院教学分委会审议《××专业人才毕业要求合理性评价报告》并反馈给教研室主任（专业负责人），专业根据评价结果制定改进措施，形成"评价—反馈—改进"闭环管理的持续改进机制，作为培养目标修订和课程教学持续改进的重要依据。

10.4.3　课程体系合理性评价

该学校外国语学院教学分委会于 2023 年 9 月讨论通过了《外国语学院

课程体系合理性评价办法（试行）》（外院字〔2023〕15号），具体内容如下。

为贯彻落实习近平新时代中国特色社会主义思想和党的二十大精神以及习近平总书记关于教育的重要论述、全国教育大会精神，深化新时代本科教育改革，建立"学生中心、产出导向、持续改进"的培养模式，确保整个课程体系能够覆盖全部毕业要求，每门课程都能够实现其在课程体系中的作用，支撑专业课程目标、毕业要求和人才培养目标的达成，根据《普通高等学校本科专业类教学质量国家标准》（以下简称《国标》）、《普通高等学校本科外国语言文学类专业教学指南（上）——英语类专业教学指南》（以下简称《指南》）、《普通高等学校师范类专业认证实施办法（暂行）》（教师〔2017〕13号）、该高校《师范类专业人才培养质量达成度评价管理办法（试行）》（校教字〔2022〕6号）、该高校《本科专业课程体系合理性评价办法（试行）》（校教字〔2022〕30号）等相关文件要求，特制定外国语学院课程体系合理性评价办法。

（1）评价依据

课程体系合理性评价以党的教育方针和国家教育政策为根本依据，以《国标》《指南》及专业的认证标准为技术依据，以学校发展培养目标定位、专业毕业要求和课程目标达成评价结果为内部依据，以国内外专业发展趋势和区域经济社会发展的需求为外部依据。

（2）评价对象

各专业人才培养方案中的课程体系。

（3）评价周期

与培养方案的修订周期相同。

（4）评价主体

课程体系合理性评价主体涵盖专业负责人、毕业生、教师、外国语学院党政负责人和教学管理人员、外国语学院教学督导、用人单位、学生实习实践单位等利益相关方。

（5）评价工作责任机构、责任人和主要职责

责任机构：课程体系合理性评价工作小组。

　　责任人：外国语学院院长为课程体系合理性评价工作责任领导，副院长为课程体系合理性评价的第一责任人。教研室主任（专业负责人）是课程体系合理性评价的直接责任人。主要参与人员：外国语学院党委书记、院长、党委副书记、副院长、专业负责人、教研室主任、教学督导和专业骨干教师等。

　　工作组主要职责：外国语学院党委书记、院长、党委副书记负责组织、协调课程体系合理性评价工作；副院长负责制定课程体系合理性评价方案、开展课程体系理论合理性评价并形成《课程体系理论合理性评价分析报告》。专业负责人、教研室主任、教学督导和专业骨干教师负责课程体系实践合理性评价并形成《课程体系实践合理性评价分析报告》；课程体系合理性评价工作小组对评价结果进行交叉对比、综合分析形成《××专业课程体系合理性评价分析报告》。

　　（6）评价内容和方法

　　① 课程体系合理性评价内容主要包括：课程设置是否符合专业标准和课程标准要求，课程结构是否合理，且能够全面支撑毕业要求的指标点，每项毕业要求有关联度高的支撑课程；课程体系能否合理支撑所有的毕业要求，核心课程是否发挥了强支撑作用；课程教学能否落实相关毕业要求的支撑任务；课程考核能否证明相关毕业要求的达成情况。

　　② 评价方法如下：

　　课程体系合理性评价工作小组采用理论与实践相结合的评价方法对课程体系进行合理性评价。理论合理性评价根据《国标》《指南》《普通高等学校师范类专业认证实施办法（暂行）》《中学教师专业标准（试行）》《教师教育课程标准（试行）》《义务教育英语课程标准（2011年版）》《普通高中英语课程标准（2017年版2020年修订）》《中学教育专业师范生教师职业能力标准（试行）》等国家、地方和学校相关文件或标准对课程体系进行评价，论证课程体系在政策、标准与需求等方面的合理性。

　　实践合理性评价采用校内与校外评价主体相结合的方法对课程体系设置进行合理性评价。校内主要通过课程目标达成情况评价及改进报告、毕业要求达成情况评价报告、专业教师问卷调查、在校生问卷调查等多种方式进行评价。校外主体主要通过企业与行业专家、用人单位、毕业生调研反馈意见等进行评价。

（7）评价程序

①依据国家、安徽省、宿州市和学校相关文件进行课程体系理论合理性评价；②通过课程目标达成情况评价及改进报告、毕业要求达成情况评价报告、专业教师问卷调查、在校生问卷调查等方式进行实践合理性评价；③通过企业与行业专家、用人单位、毕业生调研反馈意见等进行实践合理性评价；④课程体系合理性评价工作小组分析评价结果形成《××专业课程体系合理性评价分析报告》。

（8）评价结果运用

评价工作小组将《××专业课程体系合理性评价分析报告》反馈给教研室主任（专业负责人）。教研室主任（专业负责人）组织课程群负责人及相关教师针对评价反馈结果讨论课程体系是否合理，对不合理的情况进行调整。专业负责人将调整情况（含课程体系修订方案）报学院教学分委会审议。专业根据评价结果制定改进措施，形成"评价—反馈—改进"闭环管理的持续改进机制，作为下一轮课程体系和人才培养方案修订的依据。

10.5　小结

本章以某高校外国语学院英语（师范）专业为例，探讨了如何将学生核心素养融入培养方案，使其成为培养方案中的毕业要求，从而形成培养目标—毕业要求—课程体系三位一体结构，即：培养目标由毕业要求实现，后者又由课程体系实现。如此，毕业要求可以分布归类为学生核心素养中的知识、能力和态度子系统，实现学生核心素养的合理性与可行性。

第十一章　英语师范专业学生核心素养培育机制

——以某高校外国语学院英语（师范）专业为例

学生核心素养的确定是各专业学生培养工作的第一步，然而最重要的是如何进行培养，即解决"如何培养人"这一问题。以下以某高校外国语学院英语（师范）专业学生核心素养培养过程为例，简要分析英语师范专业学生核心素养培育机制。

11.1　培育模式系统

该高校外国语学院英语（师范）专业学生核心素养的培育，主要采取以下模式：显性课程、隐性课程、第二课堂为主体，思政教育为主线贯穿整个过程培育过程，如图 10 所示。

上图为该高校学生核心素养培养模式系统简图，可以发现培育模式系统包括三个主要要素：显性课程、隐性课程和第二课堂，而思政教育贯穿了三类课程教育的始终。三种要素相互关联，既独立培育学生不同的核心素养，又共同培育部分核心素养，形成了学生核心素养培育模式整体系统。

学生核心素养培养模式系统中的各种要素又作为子系统具有自己的要素、结构和功能。显性课程子系统包括理论课程和实践课程两种要素，隐

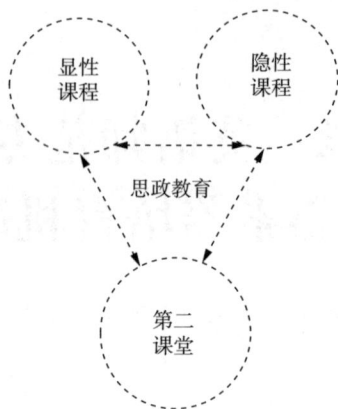

图 10　学生核心素养培育模式系统

性课程包括观念性隐性课程、物质性隐性课程、制度性隐性课程和心理性隐性课程等，而第二课堂系统则包括各种类型的课外活动，例如英语月活动、迎国庆彩绘活动、演讲比赛等。

11.2　显性课程系统

显性课程系统包括理论课与实践课两种类型，各门课程培育不同的学生核心素养。显性课程分为以下几个模块：通识教育课程、专业核心课程、教师教育课程、综合实践教育课程和素质拓展课程等。所有的课程在教学大纲中均根据教学内容设计了思政元素，例如综合英语课程中包含了中国传统文化经典、中国古代名人、中国科技发展、保护生态环境等。

11.2.1　态度

核心素养中的态度包括师德规范和教育情怀。其中培育师德规范的课程主要有：思想道德修养与法律基础、中国近现代史纲要、马克思主义基本原理概论、毛泽东思想和中国特色社会主义理论体系概论、习近平新时代中国特色社会主义思想概论、形势与政策、劳动教育、军事技能、军事理论、大学生创业就业指导、大学体育、习近平总书记关于教育的重要论述研究、教育学和中小学教师职业道德规范与教学法规等。

培育教育情怀的课程主要有：习近平新时代中国特色社会主义思想概论、大学生心理健康教育、大学生职业生涯与发展规划、大学语文（写作）、入学教育与专业导论、西方文明史、心理学、教育学和中小学教师职业道德规范与教学法规等。

11.2.2　知识

培育核心素养中的学科素养的课程主要包括：二外、计算机应用技术、大学语文（写作）、入学教育与专业导论、综合英语、英语语法、英语语音、英语口语、英语视听说、英语阅读、英语演讲与辩论、英语写作、英汉/汉英笔译、高级英语、西方文明史、英语文学导论、语言学导论、跨文化交际、普通话、现代教育技术、现代外语教学理论与实践、毕业论文（设计）和英语课程实践等。

11.2.3　能力

核心素养中的能力系统包括教学能力、班级指导、综合育人、学会反思和沟通合作等几个要素。

培育学生教学能力的课程主要包括：计算机应用技术、心理学、教育学、现代教育技术、现代外语教学理论与实践、教育实习和英语课程实践等。

培育学生班级指导能力的课程主要包括：心理学、教育学、现代外语教学理论与实践、班级管理、教育实习和英语课程实践等。

培育学生综合育人能力的课程主要包括：劳动教育、二外、军事技能、军事理论、大学体育、心理学、教育学、班级管理、教育见习、教育实习和英语课程实践等。

培育学生学会反思能力的课程主要包括：马克思主义基本原理概论、毛泽东思想和中国特色社会主义理论体系概论、习近平新时代中国特色社会主义思想概论、二外、大学生职业生涯与发展规划、大学生创业就业指导、创新创业教育、入学教育与专业导论、研究方法与学术写作、教育研习、教育实习、毕业论文（设计）和英语课程实践等。

培育学生沟通合作能力的课程主要包括：思想道德修养与法律基础、中国近现代史纲要、马克思主义基本原理概论、毛泽东思想和中国特色社会主义理论体系概论、劳动教育、二外、军事技能、军事理论、大学生职业生涯与发展规划、大学生创业就业指导、创新创业教育、大学语文（写作）、英语口语、普通话、教育见习、教育研习、教育实习、毕业论文（设计）和英语课程实践等。

所有课程分为必修课程和选修课程，二者的学分和学时比例见表1所列。

表 1 必修课程与选修课程学分学时比例

课程模块	课程类别	课程性质	学分	学时
通识教育	通识必修课程	必修	46	849
	通识选修课程	选修	7	112
专业教育	专业核心课程	必修	61.5	1128
	专业拓展课程	必修		
		选修	10	160
教师教育（师范专业）	教师教育基础课程	必修	11.5	188
	教师教育拓展课程	选修	4	96
综合实践教育	综合实践教育课程	必修	19	38 周
素质拓展教育	第二课堂	选修	8	
总学分	167		总学时	2533
必修课	学分	占总学分百分比	学时	占总学时百分比
	138	83%	2165	85%
选修课	学分	占总学分百分比	学时	占总学时百分比
	29	17%	368	15%

显性课程包括理论课程和实践课程，二者的学分学时比例见表 2 所列。

表 2　理论课程与实践课程学分学时比例

课程模块	学时			学分			
	理论	实验/实践	合计	理论	实验/实践	合计	占总学分比例
通识教育	673	288	961	37	16	53	32%
专业教育	856	432	1288	47.5	24	71.5	43%
教师教育（师范专业）	224	60	284	12	3.5	15.5	9%
综合实践教育	/	/	/	/	19	19	11%
素质拓展教育	/	/	/	/	8	8	5%
总计	1753	780	2533	96.5	70.5	167	100%
实验/实践教学总学分	70.5						
实验/实践占总学分百分比	42%						

课程设置见表 3 至表 7 所列。

表 3　通识教育模块课程设置

课程类别	课程代码	课程名称	学分	总学时	总学时分配			开课学期	考核方式	备注
					理论	实验	实践			
通识必修课程	23TB000401	思想道德与法治	3	45	45			1	考查	
	23TB000402	中国近现代史纲要	3	48	32		16	2	考查	
	23TB000403	马克思主义基本原理	3	48	48			3	考试	
	23TB000404	毛泽东思想和中国特色社会主义理论体系概论	3	48	32		16	4	考试	
	23TB000405	习近平新时代中国特色社会主义思想概论	3	48	48			5	考试	
	23TB000406－11	形势与政策	2	32	32			1－6	考查	
	23TB011412	二外（一）	3	64	32		32	4	考查	
	23TB011413	二外（二）	3	64	32		32	5	考查	
	23TB011414	二外（三）	3	64	32		32	6	考查	

（续表）

课程类别	课程代码	课程名称	学分	总学时	理论	实验	实践	开课学期	考核方式	备注
通识必修课程	23TB000416	计算机应用技术	1.5	32	16	16		1	考查	
	23TB000420	大学体育（一）	1	36	4		32	1	考查	
	23TB000421	大学体育（二）	1	36	4		32	2	考查	
	23TB000422	大学体育（三）	1	36	4		32	3	考查	
	23TB000423	大学体育（四）	1	36	4		32	4	考查	
	23TB000424	劳动教育	1.5	32	16		16	2	考查	
	23TB000425	大学生心理健康教育	2	32	32			1	考查	
	23TB000426	大学生职业生涯与发展规划	1	16				1	考查	
	23TB000427	大学生就业指导	1	16				6	考查	
	23TB000428	创新创业教育	2	32	32			2	考查	
	23TB000430	大学语文（写作）	2	32	32			3	考查	
	23TB000431	军事理论	2	36				2	考试	
	23TB000432	军事技能	2	2周			2周	1	考查	
	23TB000433	大学生安全教育	1	16				1	考查	
小计			46	849	561	16	272			
通识选修课程	"四史"教育思政类（A）	至少从"四史"中选修1门课程，1学分	1	16	16				考查	
		修读《习近平法治思想》，1学分	1	16	16				考查	
	自然科学类（C）	至少修读1学分	1	16	16				考查	人文社科类专业

（续表）

课程类别	课程代码	课程名称	学分	总学时	总学时分配			开课学期	考核方式	备注
					理论	实验	实践			
通识选修课程	美育艺术类（D）	至少修读美学和艺术史论类、艺术鉴赏和评论类、艺术体验和实践类课程2学分，其中美学和艺术史论类、艺术鉴赏和评论类课程至少取得1学分	2	32	32				考查	
	创新创业类（E）	至少修读2学分	2	32	32				考查	
小计			7	112	112					
通识教育模块合计			53	961	673	16	272			

表4 专业教育模块课程设置

课程类别	课程代码	课程名称	学分	总学时	总学时分配			开课学期	考核方式	备注
					理论	实验	实践			
专业核心课程	23ZH011401	入学教育与专业导论	0.5	8	8			1	考查	
	23ZH011402	英语语音	1.5	32	8		24	1	考查	
	23ZH011403	英语语法（一）	2	32	32			1	考试	
	23ZH011404	综合英语（一）	4	64	64			1	考试	
	23ZH011405	英语口语（一）	1.5	32	8		24	1	考查	
	23ZH011406	英语视听说（一）	1.5	32	8		24	1	考查	
	23ZH011407	英语阅读（一）	1.5	32	8		24	1	考试	
	23ZH011408	英语语法（二）	2	32	32			2	考试	
	23ZH011409	综合英语（二）	4	64	64			2	考试	
	23ZH011410	英语口语（二）	1.5	32	8		24	2	考查	
	23ZH011411	英语视听说（二）	1.5	32	8		24	2	考查	
	23ZH011412	英语演讲与辩论（一）	1.5	32	8		24	2	考查	
	23ZH011413	英语阅读（二）	1.5	32	8		24	2	考试	

（续表）

课程类别	课程代码	课程名称	学分	总学时	理论	实验	实践	开课学期	考核方式	备注
专业核心课程	23ZH011414	英语写作（一）	1.5	32	8		24	2	考试	
	23ZH011415	综合英语（三）	4	64	64			3	考试	
	23ZH011416	英语视听说（三）	1.5	32	8		24	3	考查	
	23ZH011417	英语演讲与辩论（二）	1.5	32	8		24	3	考查	
	23ZH011418	英语阅读（三）	1.5	32	8		24	3	考查	
	23ZH011419	英语写作（二）	1.5	32	8		24	3	考试	
	23ZH011420	西方文明史	2	32	32			3	考查	
	23ZH011421	综合英语（四）	4	64	64			4	考试	
	23ZH011422	高级英语写作	1.5	32	8		24	4	考查	
	23ZH011423	英汉/汉英笔译（一）	1.5	32	8		24	4	考试	
	23ZH011424	高级英语（一）	4	64	64			5	考试	
	23ZH011425	汉英汉/汉英笔译（二）	1.5	32	8		24	5	考查	
	23ZH011426	英语文学导论	2	32	32			5	考试	
	23ZH011427	语言学导论	2	32	32			5	考试	
	23ZH011428	研究方法与学术写作	1.5	32	8		24	6	考查	
	23ZH011429	高级英语（二）	4	64	64			6	考试	
	23ZH011430	跨文化交际	1.5	32	8		24	6	考试	
小计			61.5	1128	696		432			
专业拓展课程	23ZT011401	中国文化概论	2	32	32			4	考查	
	23ZT011402	英汉语言对比	2	32	32			4	考查	
	23ZT011403	英语文体学	2	32	32			5	考查	
	23ZT011404	翻译简史	2	32	32			5	考查	
	23ZT011405	中外文化比较	2	32	32			5	考查	
	23ZT011406	第二语言习得	2	32	32			6	考查	
	23ZT011407	英语小说选读	2	32	32			6	考查	
	23ZT011408	翻译赏析	2	32	32			6	考查	
	23ZT011409	英美文学选读	2	32	32			6	考查	
	23ZT011410	英语影视文学	2	32	32			6	考查	
小计（至少选修5门课程）			10	160	160					
专业教育模块合计			71.5	1288	856		432			

表5 教师教育模块课程设置

课程类别	课程代码	课程名称	学分	总学时	总学时分配			开课学期	考核方式	备注
					理论	实验	实践			
教师教育基础课程	23JJ000401	习近平总书记关于教育的重要论述研究	1	16	16			3	考查	
	23JJ000402	心理学	2	32	32			3	考试	
	23JJ000403	教育学	2	32	32			4	考试	
	23JJ000404	现代教育技术	1.5	28	16	12		4	考查	
	23JJ000405	中小学教师职业道德规范与教学法规	1	16	16			5	考查	
	23JJ000406	普通话	1	16	16			1	考查	
	23JJ000407	班级管理	1	16	16			4	考查	
	23JJ011401	现代外语教学理论与实践	2	32	32			5	考试	
小计			11.5	188	176	12				
教师教育拓展课程	23JT011401	英语学习心理与策略	1	16	16			2	考查	
	23JT011402	英语教师口语	1.5	32	8		24	3	考查	
	23JT011403	现代外语教学名著导读	2	32	32			5	考查	
	23JT011404	多媒体教学课件设计	1	32			24	5	考查	
	23JT011405	英语教学研究方法	1.5	32	8		24	5	考查	
	23JT011406	中国英语教育史	2	32	32			6	考查	
教师教育拓展课程	23JT011407	中小学英语课程标准解读	1	16	16			6	考查	
	23JT011408	英语教学设计与实训	1	32	8		24	6	考查	
	23JT011409	英语教学案例分析	1	32	8		24	6	考查	
	23JT011410	英语测试与评价	2	32	32			6	考查	
小计			4	96	48		48			
教师教育模块合计			15.5	284	224	12	48			

表6 综合实践教育模块课程设置

课程类别	课程代码	课程名称	学分	总学时	总学时分配			开课学期	考核方式	备注
					理论	实验	实践			
综合实践教育课程（师范）	23ZS011401	教育见习	1	2周			2周	3—4	认定	
	23ZS011402	教育实习	7	14周			14周	7	认定	
	23ZS011403	教育研习	1	2周			2周	7	认定	
	23ZS011404	毕业论文（设计）	6	12周			12周	7—8	认定	根据国标
	23ZS011405	英语课程实践（一）	1	2周			2周	2	认定	
	23ZS011406	英语课程实践（二）	0.5	1周			1周	3	认定	
	23ZS011407	英语课程实践（三）	0.5	1周			1周	4	认定	
	23ZS011408	英语课程实践（四）	1	2周			2周	5	认定	
	23ZS011409	英语课程实践（五）	1	2周			2周	6	认定	
综合实践模块合计			19	38周			38周			

表7 素质拓展教育模块课程设置

课程模块	课程类别	学分	考核方式	备注
素质拓展教育课程	第二课堂	8	认定	按照《外国语学院"第二课堂成绩单"》制度实施办法执行
素质拓展教育模块合计	8			

11.3 隐性课程系统

隐性课程系统包括观念性隐性课程、物质性隐性课程、制度性隐性课程和心理性隐性课程等。

观念性隐性课程体现于以下几个方面：①显性课程中的意识形态知识，主要为思政元素的讲解与讨论；②校风和学风的贯彻执行；③教师教育理念的灌输；④正确的世界观、人生观和价值观的引导与养成；⑤教学指导思想的理解与执行等。

物质性隐性课程主要体现于以下几个方面：①学校建筑设施。该专业教室与学院办公室、教师休息室在同一教学楼，学院管理人员、教师和学生沟通更为方便；离图书馆步行约五分钟，学生可以有效利用图书馆资源学习。②所有教师均配置多媒体教学设备，教室后墙设有图书专柜，学生可以随时阅读需要的书籍；智慧教室、VR 实训室、语言实验室、同声传译实训室等为学生进行实践活动提供了充分便利的条件。③整个校园环境优雅安静，适合学生学习。教学楼走廊里悬挂名人名言、优秀校友等图像；楼梯台阶等处印有英语师范专业学生核心素养关键词。

制度性隐性课程主要体现于以下几个方面：①学校设置了完善的管理体制，组织机构完善。②每个班级配有辅导员，实施本科生导师制，在学习和生活中给予学生多重的支持保障。③班级实施班委管理制，管理班级的常规事宜，锻炼学生的管理、反思、沟通等能力。

11.4　第二课堂系统

第二课堂系统主要包括课外各种活动，主要体现于以下几个方面：

① 学生社团活动，例如演讲大赛、英语月、女生趣味运动会等，旨在提高学生的专业知识实践能力、身体素质能力等，提高学生的知识和能力素养。

② 中学优秀教师讲座。邀请中学优秀教师做专题讲座，为学生学习和未来工作做出指导，培养学生的态度、知识和能力素养。

③ 志愿活动。积极鼓励学生参加各种志愿活动，培养学生的态度和能力素养。

④ 各类竞赛活动。鼓励学生参加各类各级学科专业竞赛，锻炼学生的知识和能力素养。

⑤ 创新创业项目等申报。外国语学院组织专门教师辅导学生申报省级和国家级创新创业项目，旨在培养学生的知识和能力素养。

11.5　小结

本章以某高校外国语学院英语（师范）专业为例，探讨了英语师范专业学生核心素养培育机制。分析结果显示，可以发现培育模式系统包括三个主要要素：显性课程、隐性课程和第二课堂，而思政教育贯穿了三类课程教育的始终。显性课程系统包括理论课与实践课两种类型，各门课程培育不同的学生核心素养。隐性课程系统包括观念性隐性课程、物质性隐性课程、制度性隐性课程和心理性隐性课程等。第二课堂系统则主要包括课外各种活动。

第十二章 英语师范专业 学生核心素养测评

——以某高校外国语学院英语（师范）专业为例

　　测评的主要目的在于评估英语师范专业学生核心素养的达成情况，从而反馈于重新修订培养方案、教学大纲、教材选用、教学方案和教学评价等各个环节。总体来讲，目前学生核心素养的测评困难重重，一方面在于学生核心素养自身的复杂性，另一方面在于核心素养测评框架、测评方式与测评主体等外部测量手段的局限也难以保证测评的有效性（钟苇笛，2022：35—43）。众多学者对于学生核心素养测评问题开展了卓有成效的研究。郭宝仙（2017：48—55）指出从中国学生发展核心素养的理论框架来看，其指标并未转化为具体的学习结果，分类较为模糊和抽象，难以直接基于该框架进行测量。袁建林等（2017：21—28，36）认为标准化测试对情境的创设要求极高，但难以全面反映核心素养各维度的外在表现，更难获得学生内在情感、态度等心理品质的真实变化；通过心理量表自我报告的方式存在一定主观性，学生对评判标准把握的不一致可能会导致测评结果出现偏差或误判；表现性评价的理念虽较为先进，但表现性任务的真实性、评分细则的可操作性、评价的成本等均可能影响测评结果的可信度，基于档案袋的表现性评价也存在公平、诚信等问题。罗祖兵等（2019：49—56）认为教师是主要的测评主体，但由于部分教师缺失评价素养，对核心素养的理解较为片面，多将教学评价的内容局限于学科知识和技能，故而难以整体、客观、科学地把握学生的核心素养。本章以某高校外国语学院英语（师范）专业的测评方式为例，探讨英语师范专业学生核心素养的测评问题。

12.1 显性课程考核

学校出台了课程考核管理办法，外国语学院经过教学分委会讨论通过了具体的实施细则。培养方案中设置的所有课程均进行考核。

12.1.1 考试方式与试卷命题

（1）考试方式

课程考核方式分为考试和考查两种。根据专业和课程特点灵活决定考核方式，分为闭卷、开卷、课程论文（设计）、操作性考试、设计性考试和调查报告等多种形式，有的课程则几种形式结合。所有的课程考核方式均根据培养方案确定，与后者严格保持一致。

（2）试卷命题

试卷命题遵循以下要求：

① 试卷命题满足培养目标的要求，以教学大纲为依据，重点考查基础知识、基本原理、基本技能、创新思维以及综合运用知识分析问题、解决问题的能力。试卷命题范围覆盖整个课程教学大纲，由课程承担单位指定命题负责人负责考试的命题工作，同一层次的同类课程统一命题。

② 试卷分为 A、B 卷，其中一份作为补考使用。二者的重复率不超过 30％，且难度相当。同一门课程试卷三年内的重复率不得超过 30％。

③ 试卷命题时每套试卷均附有相应的参考答案与评分标准，对于一些特殊的试题，例如写作，难以给出标准答案的，需要给出采分点。

④ 根据不同课程的特点，试卷试题量按照 120 分钟和 100 分钟两类考

试时间设置，满分均为 100 分。试卷中试题的类型不少于四种，具体类型可以自选，例如综合英语课程的题型一般为选择题、完形填空、阅读理解、翻译和写作等。

⑤ 试卷的试题突出课程重点、难点，试题应该有较好的难度和区分度，确保学生考试成绩呈正态分布。不及格学生人数控制在合理范围内。

⑥ 命题教师严守保密纪律，不得以任何方式泄漏任何考核内容。

⑦ 命题教师在所在外国语学院规定时间内，向学院提供完整的电子试卷或打印好的试卷所有材料。

⑧ 考试试卷由外国语学院随机抽取 A、B 卷之一作为考试试卷。

⑨ 考试用卷经教研室主任和院长双重审核，并填写用卷审批表后，由教学秘书或教务员统一送到指定印制机构印制并做好交接手续。试卷印制好后，由教学秘书或教务员（两人以上）亲自到试卷印制机构领取试卷并做好交接手续。

12.1.2　考核组织与实施

外国语学院每学期均制定考试工作方案，由外国语学院教学分委会讨论通过。在考试前，外国语学院向师生重点布置考核工作，重申与考核有关的各项规定，并对学生进行考风、考纪的宣传教育，营造良好的考试氛围，树立优良的考风学风，确保考核工作顺利进行。

12.1.3　试卷批改

试卷批改遵循以下要求：

① 教师在批改试卷时应本着严肃认真的态度，严格按照试卷的参考答案和评分标准批改，避免出现误判、错判和随意扣分、送分现象。

② 每一门课程的试卷须由至少三人组成阅卷组，采用流水作业的方式集体阅卷；统一命题的课程试卷由学院制定阅卷负责人。

③ 对于在批改中的误笔（包括分数改动），在需要改动处给出改正后

的标识（分数），签上改判教师的全名。试卷成绩变更（试卷总分栏上的得分），须由学院院长和评卷负责人共同签名。

④ 每一本试卷的第一份试卷需要评阅人或复核人签名的地方，必须签上阅卷人或复核人全名，签名人对试卷评阅中出现的相应问题负责。

⑤ 院长负责学院所有试卷批改的安排和检查工作。试卷批改结束后，指定专人对试卷的装订、批阅和核分等情况再次进行复查，试卷复查人将考试试卷档案中需要试卷复查人填写的内容填写完整。

12.1.4　考核成绩评定与试卷质量分析

考核结束后，学院组织教师及时阅卷。考试课程统一实行流水作业进行评卷。课程考核成绩由任课教师根据课程考核办法进行综合评定。综合评定的比例根据课程大纲的规定进行处理。成绩评定办法由任课教师在第一次授课时向学生公布。教师根据学生学习态度、考勤情况、过程考核和完成作业等方面进行平时成绩的评定，并详细记录评定过程材料。

采用撰写论文、报告等考核方式的课程，学生必须严格遵守学术道德规范，不得抄袭、剽窃他人成果。一经核实，该课程成绩为 0 分，并进行相关违纪处理。

课程设计成绩由指导教师根据学生的学习态度、任务完成情况、设计质量、实践能力和工作表现等予以综合评定。

12.1.5　补考、免考与重修（补修）考核

考核不合格的课程，在下一学期开学后进行补考（实践、实习环节不安排补考，必须重修）。补考后仍不合格的课程必须重修。在修业年限内，根据专业课程的学期安排，可多次重修。全校性公共选修课不安排补考，不合格者可以选择重修，也可以选修其他课程。

被批准免修的学生不参加该门课程的考核，考核成绩和学分以原考核成绩计。课程的选修根据学校相关文件规定进行。

12.2 隐性课程考核

隐性课程考核方式比较显性课程而言更为复杂且多元化。该学校外国语学院目前实施的考核方式主要有以下几种：

12.2.1 教师评价

每学期期末阶段任课教师对所带班级学生进行评价，评价内容涉及学生核心素养中的态度、知识和能力各个方面，最后由学校统一统计数据。所有任课教师的综合评价可以在一定程度上反映该班级学生核心素养的整体水平。

12.2.2 学院评价

学院及时整理学生违反校纪校规和院纪院规情况，做统一统计处理，并对学生给予一定的评价。另外，学院学生会、分团委会对在学习和生活中表现良好的学生予以评价并进行统计。学生党支部亦在学生评价中扮演重要角色。

学校督导和学院督导定期对学生贯彻校风和学风情况进行检查，其评价结果对学生核心素养的评价具有重要的正向作用，不容忽视。

除上述评价考核方式外，外国语学院正着手准备开展生生互评和本科生导师评价制。另外，学术论文指导老师对学生的知识和能力掌握较为准确，其评价也将引入学生核心素养评价机制。

12.3 第二课堂考核

第二课堂考核评价主体多元化，方式主要为间接性评价。

学生社团活动考核主要根据学生在活动中的表现和最终成绩进行评

价。针对报告、讲座等形式的活动，既考查学生的参与度，又关注其反思性总结报告。志愿活动既参考学生在活动中的表现，又听取志愿活动主办方或者服务对象的评价。各类竞赛活动的评价则考查学生的表现与最终成绩，且同时关注指导教师的评价。而创新创业项目的评价则记录成员间评价、指导教师评价、学术分委会评价和最终申报结果评价。

12.4 人才培养质量达成度评价

人才培养质量达成度是对学生核心素养持续培养的综合评价。该高校外国语学院教学分委会讨论通过了《外国语学院英语（师范）专业人才培养质量达成度评价管理办法（试行）》（外院字〔2023〕17 号），具体内容如下所述。

第一条 坚持以习近平新时代中国特色社会主义思想为指导，深入贯彻党的二十大精神以及习近平总书记关于教育的重要论述、全国教育大会精神，深化新时代本科教育教学改革，全面保障和提高人才培养质量，推进专业内涵式建设，参照该高校《人才培养质量达成度评价工作实施办法（试行）》（校教字〔2023〕32 号），根据《普通高等学校本科专业类教学质量国家标准》（以下简称《国标》）、《普通高等学校师范类专业认证实施办法（暂行）》（教师〔2017〕13 号）等文件要求，规范人才培养质量达成度评价的程序与方法，强化人才培养质量达成度评价的监测与人才培养质量持续改进机制，结合外国语学院实际，制定本办法。

第二条 人才培养质量达成度评价坚持成果导向教育理念，以"学生中心、产出导向、持续改进"为基本理念，对人才培养目标、毕业要求和课程目标三个方面的达成度进行评价。

第三条 学院成立人才培养质量达成度评价工作组，成员由学院党政领导、教研室主任、专业负责人、学院教学督导、骨干教师代表、辅导员和校外专家组成。

第四条　本办法适应于外国语学院英语（师范）专业。

12.4.1　人才培养目标达成度评价办法

培养目标是设置专业毕业要求、修订课程体系、进行教育教学改革的基本依据，合理、明确、与时俱进的培养目标是建设高水平专业的基础。为贯彻落实习近平新时代中国特色社会主义思想和党的二十大精神，深化新时代本科教育改革，全面保障和提高人才培养质量，促进各专业确定合理、先进的培养目标，根据《国标》、《普通高等学校本科外国语言文学类专业教学指南（上）——英语类专业教学指南》（以下简称《指南》）、《普通高等学校师范类专业认证实施办法（暂行）》（教师〔2017〕13号）和该高校《师范类专业人才培养质量达成度评价管理办法（试行）》等相关文件要求，特制定外国语学院英语（师范）专业人才培养目标达成度评价办法。

第一条　评价依据。人才培养目标达成度评价以党的教育方针政策、《国标》、《指南》和相关专业认证标准为根本依据，以学校和专业办学目标、定位为内部依据，以地方经济社会发展对专业人才的需求为外部依据。

第二条　评价对象。人才培养目标达成度评价针对毕业五年左右的英语（师范）专业毕业生进行。

第三条　评价主体。

英语（师范）专业人才培养目标达成度评价主体包括有关教育行政部门、学校相关管理部门、外国语学院、各专业教师、学生、用人单位、实习实训单位、家长等利益相关方。

第四条　评价责任人。①成立人才培养目标达成度评价工作组。学院院长是英语（师范）专业人才培养目标达成度评价工作的责任领导，副院长是第一负责人，教研室主任（专业负责人）是直接责任人。②工作组职责：制定培养目标达成度评价工作方案，确定评价对象，确定参与评价的主体，制定评价办法，统计审核评价结果，撰写报告，提出持续改进要求。

第五条　评价方法。人才培养目标达成度评价采用直接与间接、定性与定量、内部与外部相结合的评价方法，可通过调研分析、问卷调查、访谈交流和咨询研讨等方式进行。

第六条　评价周期。人才培养目标达成度评价每四年进行一次。

第七条　评价程序。英语（师范）专业依据上级文件和本办法，根据专业属性制定专业人才培养目标达成度评价实施细则，开展人才培养目标达成度评价，形成《英语（师范）专业人才培养目标达成度评价报告》，经外国语学院教学分委会审议后，报送学校教学工作委员会审定。

第八条　评价结果运用。对评价结果进行综合分析，查找薄弱环节，分析产生原因，并以此调整毕业要求、修订人才培养方案，同时也为专业培养目标调整提供参考。

12.4.2　毕业要求达成度评价办法

毕业要求是设置和修订课程体系与进行教育教学改革的基本依据。为贯彻落实习近平新时代中国特色社会主义思想和党的二十大精神，深化新时代本科教育改革，建立"学生中心、产出导向、持续改进"的培养模式，有效监测培养过程的质量和评价毕业要求的达成情况，检验和判断专业人才培养质量是否达到预期标准，为专业教育教学的持续改进提供依据，促进教育教学质量的持续提高，根据《国标》、《指南》、《普通高等学校师范类专业认证实施办法（暂行）》（教师〔2017〕13 号）、该高校《毕业要求达成度评价工作实施建议》和《外国语学院人才培养目标达成度评价办法》等相关文件要求，特制定外国语学院毕业要求达成度评价办法。

第一条　评价依据。毕业要求达成度评价以党的教育方针政策、《国标》、《指南》、相关专业认证标准、专业人才培养方案和课程（教学环节）质量检测结果为依据。

第二条　评价对象。针对外国语学院英语（师范）专业每届当年所有取得毕业证书的毕业生，对照专业毕业要求，逐项进行评价，考查其毕业要求达成度。

第三条 评价主体。毕业要求达成度评价主体涵盖本专业毕业生、教师、辅导员、学院党政领导、学院教学管理人员、用人单位、实习实践单位、校外专家和家长等利益相关方。

第四条 评价责任人。院长为毕业要求达成度评价责任人。英语（师范）专业成立毕业要求达成度评价小组，评价小组的主要组成为：学院党政领导、教研室主任、专业负责人、骨干教师代表、辅导员和校外专家。教研室主任（专业负责人）全面负责本专业毕业生的毕业要求达成度评价工作。课程负责人负责提供毕业要求达成度评价所需的课程目标达成度等基础数据。辅导员和教学秘书协助教研室主任开展毕业要求达成度的评价工作，主要职责是收集、登记、整理、转送、保管各类学生学业成绩资料和评价反馈材料等。教研室主任（专业负责人）会同专业骨干教师、督导组成员开展毕业要求达成度反馈信息的分析总结工作，依据各类数据分析和调研的结果，分析学生各项能力的长处和短板，研讨并形成专业持续改进方案。

第五条 评价方法。毕业要求达成情况评价应综合采用直接和间接评价结合、定性与定量评价结合、内部评价与外部评价结合的多样化评价方式及评价策略。根据毕业要求各指标点适用的评价方法，使用适宜的评价方式进行评价。可以选用多种方式进行评价，相互印证，提高评价效度。通过课程目标达成情况来定量计算专业毕业要求达成情况的，每个毕业要求指标点可选择3~5门对该指标点支撑度高、高阶性的课程来统计，有条件的可以适当扩大统计课程范围或者细化到课程评价分项。

第六条 评价周期。英语（师范）专业每年5—6月对毕业生开展毕业要求达成度评价的定性定量评价工作。毕业要求达成度的评价每学年进行一次，每届毕业生的评价周期为四年。

第七条 评价程序。英语（师范）专业依据上级文件和本办法，根据专业属性制定专业毕业要求达成度评价实施细则，开展毕业要求达成度评价，形成《英语（师范）专业毕业要求达成度评价报告》。外国语学院教学分委会负责审议各专业毕业要求达成度评价报告。

第八条　评价结果运用。对毕业要求达成情况评价结果进行分析，组织相关学科或课程负责教研室、相关教师，查找教学环节和课程体系的薄弱项，持续改进，保障毕业要求和培养目标的有效落实。

12.4.3　本科课程目标达成度评价办法

课程是支持本科毕业要求达成和能力培养的基本教学单元，课程目标达成度评价是本科人才培养全过程中的重要环节，是衡量学生是否达到本专业毕业要求的重要依据。为贯彻落实习近平新时代中国特色社会主义思想和党的二十大精神，深化新时代本科教育改革，建立"学生中心、产出导向、持续改进"的培养模式，合理评价课程目标达成情况，保证课程教学质量、促进课程教学持续改进，支持专业毕业要求和培养目标的达成，根据《国标》、《指南》、《普通高等学校师范类专业认证实施办法（暂行）》（教师〔2017〕13 号）、该高校《课程目标达成度评价工作实施建议》、该高校《外国语学院人才培养目标达成度评价办法》和《外国语学院毕业要求达成度评价办法》等相关文件要求，特制定外国语学院课程目标达成情况评价办法。

第一条　评价依据。课程目标达成度评价以专业毕业要求和课程教学大纲为主要依据。

第二条　评价对象。各专业培养方案中开设的课程（含实践教学环节）。

第三条　评价主体。课程目标达成度评价主体涵盖本专业在校学生、教师、学院党政领导、学院教学管理人员、学院教学督导、校外专家等利益相关方。

第四条　评价责任人。

院长为课程目标达成度评价责任人，教研室主任（专业负责人）是课程目标达成度评价第一责任人。课程负责人是直接责任人，负责按照本办法对培养方案中开设的所有课程进行课程目标达成度评价与分析，撰写《××课程目标达成度情况分析及持续改进报告》并提交至教研室。

第五条　评价方法。

课程目标达成情况评价主要采用定量评价与定性评价相结合的方法。课程目标达成情况评价旨在多层面了解与反馈课程建设与实施情况，根据不同主体的多样评价目的，综合运用多种评价方式匹配评价需求。具体可运用的评价方法包括：课程学业成绩分析法、学生调查问卷、访谈等。

第六条　评价周期。课程目标达成情况评价每学期进行，一般在学期末对该学期课程进行评价。具体由各课程实施学科或教研室按学院统一安排，组织评价实施工作。评价结果形成课程目标达成情况评价记录文档，要求评价记录完整、可追踪。

第七条　评价程序。英语（师范）专业依据上级文件和本办法，根据专业特点制定课程目标达成度评价实施细则，开展课程目标达成度评价，形成《××课程目标达成度评价报告》，提交教研室，教研室主任（专业负责人）负责召集专家组审议课程目标达成度评价报告。

第八条　评价结果运用。课程是专业建设的核心要素，对毕业要求具有重要支撑作用。课程达成情况评价帮助学科（教研室）、教师了解课程教学效果，有针对性地改进相应教学环节，推进课程教学改革，推动本科人才培养质量的持续改进。

12.5　小结

本章主要以某高校外国语学院英语（师范）专业为例，探讨了英语师范专业学生核心素养测评方法。研究发现，不同类型的课程或者活动可以使用不同的测评方法：显性课程主要为考核；隐性课程主要可以使用教师评学评价表、学院评价、生生互评、本科生导师评价制、毕业论文指导老师评价制等；第二课堂考核评价主体多元化，方式主要为间接性评价。最后详细介绍了该专业的人才质量达成度评价办法，主要包括人才培养目标达成度评价办法、毕业要求达成度评价办法和本科课程目标达成度评价办法。如此，则将该专业学生核心素养的评价融入培养目标和课程目标评价整体体系中。

第十三章　英语师范专业
学生核心素养测评结果

——以某高校外国语学院英语（师范）专业为例

鉴于本书的示例中核心素养融入了该校外国语学院英语（师范）专业培养方案中的毕业要求，因此以下以毕业要求达成度报告为例说明英语师范专业学生核心素养的培育情况。

13.1　毕业要求达成度评价

13.1.1　毕业要求达成度评价机制

根据《普通高等学校本科专业类教学质量国家标准》《普通高等学校本科外国语言文学类专业教学指南（上）——英语类专业教学指南》《普通高等学校师范类专业认证实施办法（暂行）》（教师〔2017〕13 号）等文件要求，结合该高校《人才培养质量达成度评价工作实施办法（试行）》（院教字〔2023〕32 号）、《外国语学院英语（师范）专业人才培养质量达成度评价管理办法（试行）》（外院字〔2023〕17 号）和《英语（师范）专业 2024 届毕业生毕业要求达成度评价工作方案》（外院教字〔2024〕6 号），建立了英语（师范）专业毕业要求达成度评价机制，详细内容如下：

（1）评价机构

① 成立毕业要求达成度评价工作组。成员由学院领导、教研室主任

（负责人）、课程负责人（包括实践环节指导教师）、骨干教师等组成。

② 评价小组的主要职责：确定和审查本专业毕业要求各指标点和相关支撑课程的合理性；制定和审查评价方法；收集数据，实施评价，撰写报告，提出持续改进建议。

（2）评价方法

采用基于课程（教学环节）考核成绩的定量分析法，基于应届毕业生、教师、实习单位和用人单位的定性分析法和基于毕业验收环节的定性与定量相结合的办法进行。

① 定量评价法。

数据来源：经外国语学院教学分委会讨论，毕业要求达成度评价使用课程成绩作为定量评价的数据。

课程考核成绩分析法：首先计算各课程对毕业要求指标点的达成情况，选取支撑各毕业要求指标点中达成度最小值的该门课程的达成度作为相应毕业要求指标点的达成度评价结果；然后比较各毕业要求指标点，选取毕业要求指标点达成度的最小值作为毕业要求的达成度。

计算课程达成度：每门课程的学生平均分除以总分得到课程达成度。

② 定性评价法。

数据来源：通过对应届毕业生、教师、实习单位和用人单位的问卷调查和毕业验收结果进行定性分析。

问卷调查法：这种方法主要基于毕业生、教师、实习单位和用人单位的问卷调查结果评价毕业要求的达成情况。具体方案如下：调查问卷中主要针对培养目标评价、毕业要求设置教学效果评价问题类，为每项毕业要求设置五个选项（1～5分），不同分值代表不同的达成度评价值（1表示完全达成）；分发调查问卷，分别由毕业生进行填写；回收调查问卷，筛选有效问卷，统计毕业要求达成问题的回答结果；计算回收问卷的毕业要求达成度评价结果后进行汇总。

毕业验收：毕业验收是每年开展的对毕业生毕业要求达成度综合评定环节。根据毕业要求制定2024届毕业验收实施方案，组建专家组对毕业验收各项目进行综合评定。

（3）评价周期

各专业每年 6－7 月对毕业生开展毕业要求达成度评价的定性定量评价工作。

（4）结果反馈与利用

① 专业对毕业要求达成度评价结果进行分析和比较，找出教学环节、课程体系的不足，进行必要的整改，保障各个教学环节、课程体系、教学大纲均能围绕毕业要求这个核心目标来实施。

② 毕业要求达成度评价整改报告及其他记录文档由英语（师范）专业教研室存档，评价结果作为专业修订人才培养方案、调整毕业要求的重要依据。

13.1.2　2024 届毕业生毕业要求达成度评价

2024 年 6 月，外国语学院针对英语（师范）专业 2024 届学生开展毕业要求达成度评价工作。

（1）评价依据

评价依据英语（师范）专业 2024 届毕业生毕业要求达成度评价实施情况，见表 8 所列。

表 8　英语（师范）专业 2024 届毕业生毕业要求达成度评价实施情况表

毕业要求	指标点	用于评价的课程	课程考核方式	达成评价周期/评价机构和责任人	形成的记录文档
师德践行	师德规范 1.1	思想道德与法治	考查	每学期/任课教师	试卷归档材料
		中国近现代史纲要	考查	每学期/任课教师	试卷归档材料
		马克思主义基本原理概论	考试	每学期/任课教师	试卷归档材料

（续表）

毕业要求	指标点	用于评价的课程	课程考核方式	达成评价周期/评价机构和责任人	形成的记录文档
师德践行	师德规范 1.1	毛泽东思想和中国特色社会主义理论体系概论	考试	每学期/任课教师	试卷归档材料
		习近平总书记关于教育的重要论述研究	考查	每学期/任课教师	试卷归档材料
		形势与政策	考查	每学期/任课教师	认定归档材料
下略					

（2）毕业要求达成情况定量评价

依据《英语（师范）专业 2024 届毕业生毕业要求达成度评价工作方案》（外院教字〔2024〕6 号），对 2024 届英语（师范）专业毕业生毕业要求达成度的定量评价结果见表 9 所列。

表 9 毕业要求达成度定量评价结果

毕业要求	指标点	用于评价的课程	达成度
师德践行	师德规范 1.1	思想道德与法治	0.79
		中国近现代史纲要	0.74
		马克思主义基本原理概论	0.70
		毛泽东思想和中国特色社会主义理论体系概论	0.86
		习近平总书记关于教育的重要论述研究	0.91
		形势与政策	0.77
下略			

13.1.3 毕业要求达成情况定性评价

采用问卷调查法，调查问卷中主要针对培养目标评价、毕业要求设置教学效果评价问题类，由毕业生、教师、实习单位和用人单位对照指标点根据达成情况进行评价，为每项毕业要求设置五个选项（1~5分），不同分值代表不同的认可度评价值（1表示完全达成，2表示较好达成，3表示基本达成，4表示较差，5表示很差）；较好达成以上的有效人数与参与调研问卷的有效总人数比值确定为毕业要求指标点达成度。对2024届英语（师范）专业毕业生毕业要求达成度的定性评价结果见表10至表13所列。

表10　毕业要求达成度定性评价结果（毕业生）

毕业要求	指标点	非常认可人数	比较认可人数	基本认可人数	不认可人数	很不认可人数	总计人数	达成度
师德规范	1	61	44	22	0	0	127	0.83
	2	55	46	26	0	0	127	0.80
	3	61	42	24	0	0	127	0.81
教育情怀	1	52	50	24	0	1	127	0.80
	2	54	47	26	0	0	127	0.80
	3	56	49	22	0	0	127	0.83
学科素养	1	44	49	31	1	2	127	0.73
	2	42	49	33	1	2	127	0.72
	3	42	52	31	0	2	127	0.74
	4	46	49	30	1	1	127	0.75
教学能力	1	43	54	28	1	1	127	0.76
	2	48	48	30	0	1	127	0.75
	3	46	55	23	2	1	127	0.80
班级指导	1	46	52	28	1	0	127	0.77
	2	47	49	29	1	1	127	0.76
	3	47	49	29	1	1	127	0.76
综合育人	1	44	50	31	1	1	127	0.74
	2	45	48	30	3	1	127	0.73
	3	45	50	28	3	1	127	0.75
学会反思	1	44	51	28	2	2	127	0.75
	2	44	47	34	1	1	127	0.72
	3	48	45	33	0	1	127	0.73

（续表）

毕业 要求	指标点	非常认 可人数	比较认 可人数	基本认 可人数	不认可 人数	很不认 可人数	总计 人数	达成度
沟通 合作	1	49	46	30	1	1	127	0.76
	2	48	48	29	1	1	127	0.76
	3	48	51	26	1	1	127	0.78

表 11　毕业要求达成度定性评价结果（教师）

毕业 要求	指标点	非常认 可人数	比较认 可人数	基本认 可人数	不认可 人数	很不认 可人数	总计 人数	达成度
师德 规范	1	16	9	2	0	0	27	0.93
	2	16	9	2	0	0	27	0.93
	3	18	7	2	0	0	27	0.93
教育 情怀	1	14	9	4	0	0	27	0.85
	2	14	10	3	0	0	27	0.89
	3	14	10	3	0	0	27	0.89
学科 素养	1	12	12	2	1	0	27	0.89
	2	11	11	5	0	0	27	0.81
	3	10	13	4	0	0	27	0.85
	4	10	13	3	1	0	27	0.85
教学 能力	1	10	14	3	0	0	27	0.89
	2	12	12	2	1	0	27	0.89
	3	12	11	4	0	0	27	0.85
班级 指导	1	12	11	4	0	0	27	0.85
	2	11	12	4	0	0	27	0.85
	3	12	11	4	0	0	27	0.85
综合 育人	1	12	12	3	0	0	27	0.89
	2	11	12	4	0	0	27	0.85
	3	13	10	4	0	0	27	0.85
学会 反思	1	11	11	4	1	0	27	0.81
	2	11	13	3	0	0	27	0.89
	3	12	11	4	0	0	27	0.85

（续表）

毕业要求	指标点	非常认可人数	比较认可人数	基本认可人数	不认可人数	很不认可人数	总计人数	达成度
沟通合作	1	11	13	3	0	0	27	0.89
	2	11	13	2	1	0	27	0.89
	3	11	13	2	1	0	27	0.89

表 12 毕业要求达成度定性评价结果（实习单位）

毕业要求	指标点	非常认可人数	比较认可人数	基本认可人数	不认可人数	很不认可人数	总计人数	达成度
师德规范	1	43	15	1	0	0	59	0.98
	2	46	11	2	0	0	59	0.97
	3	46	12	1	0	0	59	0.98
教育情怀	1	45	13	1	0	0	59	0.98
	2	46	13	0	0	0	59	1.00
	3	48	10	1	0	0	59	0.98
学科素养	1	45	14	0	0	0	59	1.00
	2	40	17	2	0	0	59	0.97
	3	40	15	4	0	0	59	0.93
	4	39	17	3	0	0	59	0.95
教学能力	1	40	17	2	0	0	59	0.97
	2	40	17	2	0	0	59	0.97
	3	41	17	1	0	0	59	0.98
班级指导	1	44	13	2	0	0	59	0.97
	2	41	16	2	0	0	59	0.97
	3	41	15	3	0	0	59	0.95
综合育人	1	42	14	3	0	0	59	0.95
	2	43	16	0	0	0	59	1.00
	3	41	17	1	0	0	59	0.98
学会反思	1	41	17	1	0	0	59	0.98
	2	41	16	2	0	0	59	0.97
	3	42	15	2	0	0	59	0.97

（续表）

毕业要求	指标点	非常认可人数	比较认可人数	基本认可人数	不认可人数	很不认可人数	总计人数	达成度
沟通合作	1	42	16	1	0	0	59	0.98
	2	43	14	2	0	0	59	0.97
	3	43	15	1	0	0	59	0.98

表 13　毕业要求达成度定性评价结果（用人单位）

毕业要求	指标点	非常认可人数	比较认可人数	基本认可人数	不认可人数	很不认可人数	总计人数	达成度
师德规范	1	53	15	1	0	0	69	0.99
	2	50	18	1	0	0	69	0.99
	3	53	13	3	0	0	69	0.96
教育情怀	1	55	12	2	0	0	69	0.97
	2	55	13	1	0	0	69	0.99
	3	55	12	2	0	0	69	0.97
学科素养	1	45	23	1	0	0	69	0.99
	2	47	18	4	0	0	69	0.94
	3	47	18	4	0	0	69	0.94
	4	44	23	2	0	0	69	0.97
教学能力	1	47	18	4	0	0	69	0.94
	2	46	20	3	0	0	69	0.96
	3	45	19	5	0	0	69	0.93
班级指导	1	48	18	3	0	0	69	0.96
	2	44	22	3	0	0	69	0.96
	3	46	20	3	0	0	69	0.96
综合育人	1	46	20	3	0	0	69	0.96
	2	44	22	3	0	0	69	0.96
	3	44	25	0	0	0	69	1.00

（续表）

毕业要求	指标点	非常认可人数	比较认可人数	基本认可人数	不认可人数	很不认可人数	总计人数	达成度
学会反思	1	44	22	3	0	0	69	0.96
	2	46	20	3	0	0	69	0.96
	3	46	21	2	0	0	69	0.97
沟通合作	1	46	21	2	0	0	69	0.97
	2	46	23	0	0	0	69	1.00
	3	49	20	0	0	0	69	1.00

13.1.4　毕业验收

根据《关于 2024 届英语（师范）专业毕业验收工作的通知》（外院教字〔2024〕6 号）文件精神，对 2024 届毕业生进行了毕业验收工作，毕业验收达成度计算办法为毕业验收良好（80 分）以上人数除以总人数，毕业验收达成度评价结果见表 14 所列。

表 14　2024 届英语（师范）专业毕业验收达成度评价结果

班级	优秀人数	良好人数	中等人数	及格人数	不及格人数	总人数
20 英语 1 班	35	2	0	0	0	37
20 英语 2 班	36	1	0	0	0	37
20 英语 3 班	21	17	0	0	0	38
20 英语 4 班	18	20	0	0	0	38
总人数	110	40	0	0	0	150
达成度	0.73	0.27	0	0	0	1

综合 2024 届毕业生毕业要求达成度定量和定性评价的结果，2024 届毕业要求达成度评价结果见表 15 所列。

表 15　2024 届英语（师范）专业毕业生毕业要求达成评价结果

专业毕业要求	师德规范	教育情怀	学科素养	教学能力	班级指导	综合育人	学会反思	沟通合作
直接评价结果	0.70	0.77	0.67	0.73	0.73	0.73	0.80	0.71
	0.73	0.70	0.67	0.73	0.75	0.67	0.70	0.73
	0.77	0.74	0.67	0.73	0.75	0.73	0.73	0.70
			0.67					
间接评价结果	0.83	0.80	0.73	0.76	0.77	0.74	0.75	0.76
	0.80	0.80	0.72	0.75	0.76	0.73	0.72	0.76
	0.81	0.30	0.74	0.80	0.76	0.75	0.73	0.73
			0.75					
毕业验收达成度结果	优秀	良好	总人数	达成度				
	110 人	40 人	150 人	1				

13.2　毕业要求达成度评价中存在的问题

13.2.1　毕业要求落实评价

毕业要求落实主要存在以下几个方面的问题：

① 毕业要求达成度评价标准和方式不够多元化、具体化、数据化。本次评价增加了对教师、实习单位和用人单位的调查问卷部分，征求相关利益方的评价。但是部分毕业要求评价缺乏明确的评价标准，如师德师风、教育情怀、班级指导、综合育人、沟通合作等，仅仅依靠量化的课程达成度评价结果和调查问卷结果，难以实现全面、充分评价，过程性评价标准和评价办法还有待探索。

② 2024 届前期教学过程中使用的是传统的教学大纲，未能明确课程

目标和毕业要求的支撑关系，课程达成度评价使用的是新标准和旧数据，因此本次计算毕业要求达成度时未采用专业核心课程目标达成度结果。

③ 毕业验收和学生个人成长档案虽然实施了很多年，但尚未与毕业要求指标点完全对接，其对毕业要求修改与完善的反作用已经应用于 2023 版培养方案的制定，其效果还需要经过持续评价。

13.2.2　师德规范落实评价

师德规范分解成理想信念、依法执教和师德准则三个指标点。三个指标点均已达成，间接评价结果高于直接评价，后者最低达成度为 0.70。

① 理想信念的养成体系不够完善，多依靠专门的思想政治课程及教育活动进行培养，课程思政元素已经贯穿所有课程的教学大纲，但是在考核中所占比例较少。

② 依法执教方面，主要靠思想道德与法治课程、教师职业发展课程来支撑，学生对国家教育法规的了解程度如何、在实践中能否长期贯彻执行还不能完全确定，仅仅依靠理论课程支撑依法执教显得单薄。

③ 关于师德规范的评价，仅仅以课程的结果性评价作为依据，难以做到全面的达成度评价，表现性评价的应用还不够深入。

13.2.3　教育情怀落实评价

教育情怀分解为职业认同、人文素养和学生中心三个指标点。三个指标点均已达成，间接评价结果高于直接评价，后者最低达成度为 0.70。

① 职业认知可以通过通识教育思政课、教师职业信念与养成教育等课程教学、听取优秀中学教师的报告、实习等来支撑达成。但是学生能否在实践中高度认可、选择教师行业并乐于奉献还不能完全确定。

② 学生的人文素养能力还需要进一步提高，主要为跨学科专业素养的提高。

③ 学生具备对中学生的引导能力，但是由于实习只有十八周的时间，

学生能否在以后的教学工作中始终坚持关爱学生还不能完全确定。

13.2.4　学科素养落实评价

学科素养分解为基本能力、学科素养、整合知识和学习策略四个指标点。四个指标点均已达成，间接评价结果高于直接评价，后者最低达成度为 0.67。

① 基本能力已经达成，但是达成度不是特别高，有些专业核心课程的知识掌握不够牢固。

② 学科素养已经达成，但是还有待提高。学生对英语学科的宏观掌握、理解程度不够。

③ 整合知识能力方面，实践训练需要加强，如何将跨学科知识应用于教学实践，还需要在实习和英语课程实践活动中加强训练。

④ 学习策略方面，学生在学习中主动使用不同的学习策略的能力还有待提高。

13.2.5　教学能力落实评价

教学能力分解为专业知识、信息素养和教学设计三个指标点。三个指标点均已达成，间接评价结果高于直接评价，后者最低达成度为 0.73。专业知识和信息素养指标点基本不存在问题。

教学设计指标点较低，表现在于毕业论文达成度较低，为 0.73。主要原因为学生毕业论文中有一部分为外语教学相关课题，虽然能够顺利完成教学设计中的任务，但是创新性不够，分数偏低。

13.2.6　班级指导落实评价

班级指导包括育德意识、班级管理和心理辅导三个指标点。三个指标点均已达成，间接评价结果高于直接评价，后者最低达成度为 0.73。

① 德育意识。学生具备了德育意识、班级管理和心理辅导的知识和能

力，但是在实践中的应用机会不多。

② 心理学和毕业论文达成度偏低。说明学生对心理学的知识掌握不够，毕业论文达成度偏低。

13.2.7　综合育人落实评价

综合育人分解为育人能力、课程育人和活动育人三个指标点。三个指标点均已达成，间接评价结果高于直接评价，后者最低达成度为 0.67。育人能力和活动育人基本不存在问题。

课程育人指标点达成度偏低，表现在综合英语课程达成度较低，主要原因为转专业学生英语知识与英语（师范）专业相比较薄弱，短期内难以提高。

13.2.8　学会反思落实评价

学会反思分解为发展规划、批判创新和自我改进三个指标点。三个指标点均已达成，间接评价结果高于直接评价，后者最低达成度为 0.73。发展规划能力基本不存在问题。

① 批判创新和自我改进还存在不足，主要停留在理论掌握阶段，实践应用机会偏少。

② 毕业论文的内容分析显示学生的批判创新和自我改进能力不足，创造性不够。

13.2.9　沟通合作落实评价

沟通合作分解为共同学习、互助合作和交流沟通三个指标点。三个指标点均已达成，间接评价结果高于直接评价，后者最低达成度为 0.70。共同学习和互助合作能力基本不存在问题。

在交流沟通方面，具备与学生的沟通能力，但是与团队成员、学生家长等的沟通实践不多。

13.3　毕业要求达成度评价改进措施

13.3.1　毕业要求层面

针对存在的问题，将采取以下几个方面的改进措施：

① 更多地使用多元评价机制，将生生评价纳入评价方式中。

② 吸收更多的相关利益方进行评价。

③ 持续对新版培养方案进行毕业要求达成度评价，做到持续整改。

13.3.2　师德规范层面

针对存在的问题，将采取以下几个方面的改进措施：

① 加强学生对课程思政元素理解程度的考核，通过小组研讨、实践活动等方式进行过程性考核。

② 通过宣讲、知识竞赛等方式考查学生依法执教能力。

③ 增加对学生在实践和实习过程中的表现性考核比重。

13.3.3　教育情怀层面

针对存在的问题，将采取以下几个方面的改进措施：

① 充分发挥第二课堂的优势，增强学生教育情怀。

② 树立优秀教师典型，为学生做好榜样。

③ 为学生提供更多的实践机会，并作出表现性考核。

13.3.4　学科素养层面

针对存在的问题，将采取以下几个方面的改进措施：

① 进一步实施教学改革，提高教学质量，增强学生基础知识能力，鼓励学生进行跨学科学习。

② 加强课程组建设，相关学科教师集体备课，使学生对学科具有更深层的宏观了解。

③ 为学生提供更多的实践机会，以利于将多种学科知识在实践中进行整合利用。

④ 课程组教师协作，在知识学习中引导学生使用多种学习策略的优势。

13.3.5　教学能力层面

针对存在的问题，将采取以下几个方面的改进措施：

① 通过第二课堂活动，增加教学实践机会，让学生多参与教学实践。

② 鼓励学生在教学实践中发现问题，针对问题进行研究，将研究成果应用于教学实践。

13.3.6　班级指导层面

针对存在的问题，将采取以下几个方面的改进措施：

① 通过第二课堂活动，模拟班级指导实践，增强学生实践能力。加强实习"双导师"制实施力度，鼓励学生在实习中更多地参与班级管理工作。

② 针对课程知识掌握不足，与任课教师和学生沟通，探究存在的问题，提高教学效果。

13.3.7　综合育人层面

针对存在的问题，将采取以下几个方面的改进措施：

① 增加第二课堂活动中综合育人的比例，为学生提供活动育人实践机会。

② 组织任课教师分析转专业学生学情，开展针对性教学，并利用课后时间进行毕业辅导。

13.3.8　学会反思层面

针对存在的问题，将采取以下几个方面的改进措施：

① 在学生论文写作与发表、项目申报与结项过程中多指导，提高其创新意识。

② 在英语课程实践和实习中，强调"教学反思"的重要性，引导学生将反思结果应用于教学实践。

13.3.9　沟通合作层面

针对存在的问题，将采取以下几个方面的改进措施：

① 在课堂教学中通过模拟情境方式为学生提供虚拟情境进行实践。

② 开展相关实践活动，增加学生的团队意识，提高其交流合作的能力。

13.4　第二课堂成效

在社团活动和校园活动方面，外国语学院学生工作领导小组结合专业特色，连续成功开展了学院品牌活动："英语月"系列活动，包括英语演讲比赛、英语歌曲演唱比赛、英语猜单词比赛、英语板书比赛、英美文化知识竞赛、英语电影配音比赛和英语晨读周活动。近五百人每年使用到梦空间系统签到参加英语月系列活动，在学校影响力较大。多项文体活动为丰富校园文化，给学生搭建更好的展示语言运用能力才华的舞台，增强学生跨文化交际能力，进一步营造浓郁的语言交际氛围做出了贡献。

此外，外国语学院和校团委、相关政府单位合作开展了丰富的志愿者活动，每年为该市承办的国际女子网球公开赛提供数十名志愿者，为该市承办的国际云安全大会和微笑使者服务团队提供翻译志愿者活动，帮助师范学生在实践中提升专业技能和综合素养；举办了形式多样的学生活动、组建学生社团英语学会，拓展第二课堂平台；帮扶家庭贫困、学业困难等特殊学生群体，确保每一位学生都不掉队。

按照第十一章第二课堂考核方式进行考核，发现第二课堂中各种活动完成了各自目标，实现了对学生核心素养的培育工作。学生社团活动评价最低分为 86，报告和讲座考核最低分为 83，志愿活动考核最低分为 91。

外国语学院开展双创大讲堂活动，3 年来开展美育大讲堂 1 场、时情大讲堂 1 场、创新大讲堂 6 场、创业大讲堂 1 场，组织同学参加"云都外语讲坛"10 场，为学生参与创新创业实践活动提供了理论指导，营造了浓厚的双创氛围。

外国语学院学生在省级及省级以上学科竞赛中成绩显著，近 3 年共获得外观设计专利 1 项，取得 A、B 类学科技能竞赛省级以上奖励 59 项，其中获得 2021 年"外研社·国才杯"英语写作比赛省级一等奖 1 项，获得 2022 年"外研社·国才杯"英语演讲比赛省级一等奖 1 项，获得 2023"外研社·国才杯""理解当代中国"全国大学生外语能力大赛写作赛项英语组国赛银奖 1 项，获得第四届长三角师范生教学基本功大赛长三角地区三等奖 1 项。

近 3 年分别立项建设国家级大学生创新创业项目 9 项、省级大学生创新创业训练计划 17 项；获"互联网＋"大赛省级银奖 1 项、铜奖 1 项；本科生发表论文 39 篇，获授权专利 1 项。

13.5　小结

本章以某高校外国语学院英语（师范）专业为例，探讨了第十二章提出的学生核心素养测评方式下该学校英语（师范）专业学生核心素养测评结果。结果显示，综合定性评价和定量评价，该专业学生毕业要求完全达成。详细介绍了核心素养系统中知识、能力和态度子系统各种要素的具体达成度，同时指出各种要素的培育还存在部分问题，最后提出了相关建议。

第十四章　关于核心素养的几点思考

本章作为本书的最后一部分，主要讨论在研究过程中总结的一些心得体会，是初步的思考与反思总结，还不健全。在此提出，以供学界批评指正。

14.1　系统哲学用于核心素养研究的可行性、重要性与进一步研究问题

系统哲学作为一种新型的哲学理论，主张从事物的整体性分析其性质、总结其规律，应用于对事物的全面掌握。系统哲学在实践领域得到了广泛应用，包括人文社会科学和自然科学各个领域，其适用性在核心素养研究中得到证明亦不难理解。

系统哲学视域下研究核心素养，可以将核心素养视为一个开放型、动态性的复杂系统，关注该系统内部结构与外部环境影响因素以及二者的结合。尤其是对外部环境影响因素的强调，改变了现有教育领域过多强调学校教育重要性的倾向，从而向家庭教育、社会教育等多元主体教育转向。另外，核心素养系统的外部环境影响因素复杂，每一种因素都会影响核心素养要素的制定与培育。在系统内部，核心素养系统可以包括不同的要素，主要根据不同国家和地区的实情而定。但是各种要素不是孤立的，而是应该相互关联，其中的关系不应该被忽视。

系统哲学的核心思想不仅是系统性，还包括运动性以及五大规律：自组（织）涌现律、层次转化律、结构功能律、整体优化律和差异协同律。既然核心素养可以视为一个特殊的系统，那么一定符合系统的其他特征。然而，本书只强调了核心素养的系统性及其内外部相关性，没有探讨其他。系统哲学的认知论和方法论如何应用于核心素养研究，是后续研究的重要课题，必能为核心素养研究提供更丰富的成果。

14.2　外语界相关核心素养研究的合理性与急迫性

核心素养的研究，需要各个领域的专家提供各自的答案，所以从外语的角度来提出理所当然，也需要外语领域内部不同层次的被试作为研究对象。目前国内相关研究主要集中于英语学科核心素养、英语教师核心素养、英语专业学生核心素养等，对其他外语相关核心素养的研究较少，即使在英语学科内部，研究亦不够细致全面。

外语教育在我国部分高校流行，不仅开设英语专业课程，还有日语、韩语、俄语、德语、法语等专业。虽然外语教育存在共性特征，但是不同的专业亦存在个性特质，其他专业相关核心素养的探讨已经势在必行。

14.3　核心素养的内部差异

核心素养是一系列可移植的、具有多种功能的知识、技能和态度，是个体获得个人成就和自我发展、融入社会、胜任工作的必备素养（Gordon et al.，2009；靳玉乐等，2018：4）。核心素养的提出，使得教育的重心从偏知识和技能向知识、技能与态度三位一体核心素养转向，而且我国的教育对态度愈发重视，然而在实践中依然不够。除了突出态度的绝对地位之外，还要考虑如何培养态度情感以及如何测评，尤其是对缺乏必要态度情感者如何纠正从而帮助改进更为重要。

核心素养是个人获得个人成就和适应社会发展需要的必备素养，但是具有了核心素养不一定能保障个人获得成功。因此要关注对个人的核心素养如何评估，以及如何发挥外部环境影响因素的正向作用，促使具备高核心素养的人能够获得成功。

不同国际组织、国家和地区的核心素养均依据各自实情而定，然而总体而言核心素养要素均不止一个。在核心素养内部要素中亦存在差异，有些素养是整个社会中所有人必须具备的，例如爱国情怀；而有的素养则是部分人，特别是有理想成为个人发展与社会发展一致的人需要具备的，例如外语素养。然而我们不能说不具备外语素养的人在未来社会中不能成功，或者不能适应未来社会的发展。因此，核心素养一方面具有强制性，例如政治素养；一方面具有引导性，例如外语素养和数学素养，不能一概而论。

14.4　小结

本章主要为作者在撰写本书时的心得体会以及一些粗浅的思考，这也是后续研究需要丰富完善之处。通过本书，作者期望更多的学者加入核心素养研究领域，为我国教育事业的高质量发展贡献自己的力量。

参 考 文 献

[1] Bourdieu P. Forms of Capital [A] . J G Richardson （eds. ） . Handbook of theory and research for the sociology of education [M] . New York: Greenwood, 1983: 241—258.

[2] Callieri C. The knowledge economy: A business perspective [A] . Rychen D S & Salganik L H （eds. ） . Defining and selecting key competencies [M] . Göttingen, Germany: Hogrefe & Huber, 2001: 228—231.

[3] European Commission. On Key Competencies for Lifelong Learning. Proposal for a Recommendation of the European Parliament and of the Council [Z] . Brussels: Commission of the European Communities, 2005.

[4] Goody J. Education and competence: Contextual diversity [A] . Rychen D S & Salganik L H （eds. ） . Defining and selecting key competencies [M] . Göttingen, Germany: Hogrefe & Huber, 2001: 175—189.

[5] Inglis F & Aers L. Key Concepts in Education [M] . London: Baker & Taylor Books, 2008.

[6] Kress, G. & van Leeuwen. Multimodal Discourse: The Modes and Media of Contemporary Communication [M] . London: Routledge, 2001: 1.

[7] Lave J & Wenger E. Situated Learning: Legitimate Peripheral

Participation [M] . Cambridge：Cambridge Univdrsity Press，1990.

[8] Rieckmann M. Future－oriented Higher Education：Which Key Competencies Should Be Fostered through University Teaching and Learning? [J] . Futures，2012，44（2）：127－135.

[9] Rothwell W J &Graber J M. Competency－based training basics [M] . MA：American Soiety for Training and Development Press，2010.

[10] Rychen D S & Salganik L H. Defining and selecting key competencies [M] . Göttingen，Germany：Hogrefe & Huber，2003.

[11] Voogt J & Roblin N. A comparative analysis of international frameworks for 21st century competences：Implications for national curriculum policies [J] . Journal of Curriculum Studies，2012，44（3）：299－321，309.

[12] Weinert F E. Concepts of competence：A conceptual clarification [A] . D S Rychen & L H Salganik（Eds.）. Defining and selecting key competencies [M] . Göttingen，Gerınany：Hogrefe & Huber，2001：45－56.

[13] 埃文-佐哈尔 . 多元系统论 [J] . 张南峰，译 . 中国翻译，2002，（4）：19－25.

[14] 蔡清田 . 课程改革中的素养与能力 [J] . 教育研究月刊，2010b，12：93－104.

[15] 蔡清田 . 课程改革中素养与知能之差异 [J] . 教育研究月刊，2011a，3：84－96.

[16] 蔡清田 . 课程改革中的核心素养之理论基础 [J] . 中正教育研究，2011b，10（1）：1－27.

[17] 蔡清田 . 课程纲要的核心素养 [J] . 研习资讯，2011c，28（4）：5－14.

[18] 蔡清田 . 课程改革中的 "素养" 之功能 [J] . 教育科学期刊，2011d，10（1）：203－217.

［19］蔡清田．课程发展与设计的关键 DNA：核心素养［M］．台北：
五南图书出版公司，2012.

［20］蔡清田．台湾十二年国民基本教育课程改革的核心素养［J］．上
海教育科研，2015，(4)：5—9.

［21］常珊珊，李佳清．课程改革深化背景下核心素养体系建构［J］.
课程·教材·教法，2015，(9)：29—35.

［22］陈柏霖，孟恬薪．全球化时代大学生关键能力与高等教育制度革
新之研究［C］．全球化时代之关键能力与教育革新国际学术研讨会，中
国：台北，2010，11：12—13.

［23］陈伯璋，张新仁，蔡清田，潘慧玲．全方位的国民核心素养之教
育研究［R］．中国，台南市：致理管理学院教育研究院，2007.

［24］陈艳君，刘德军．基于英语学科核心素养的本上英语教学理论建
构研究［J］．课程·教材·教法，2016，(3)：50—57.

［25］成尚荣．回到教学的基本问题上去［J］．课程·教材·教法，
2015，(1)：21—28.

［26］程晓堂，庹艳．关于高校英语教学若干问题的思考［J］．中国大
学教学，2010，(6)：40—44.

［27］程晓堂，赵思奇．英语学科核心素养的实质内涵［J］．课程·教
材·教法，2016，36 (5)：79—86.

［28］褚宏启．核心素养的概念与本质［J］．华东师范大学学报(教育
科学版)，2016，34 (1)：1—3.

［29］褚宏启，张咏梅，田一．我国学生的核心素养及其培育［J］．中
小学管理，2015，(9)：4—7.

［30］崔永光，韩春侠．新标准指导下高校英语专业青年教师的核心素
养［J］．黑龙江工业学院学报(综合版)，2018，18 (2)：26—31.

［31］丁东红．卢曼和他的"社会系统理论"［J］．世界哲学，2005，
(5)：34—38.

［32］杜磊，肖维青．多元系统中翻译"分子化运动"与多元系统"临

界态"研究初探 [J]．中国翻译，2017，(1)：18—24．

[33]甘秋玲，白新文，刘坚，等．创新素养：21世纪核心素养5C模型之三 [J]．华东师范大学学报（教育科学版），2020，(2)：57—70．

[34]谷屹欣．以读写教育构建跨学科素养：芬兰新课程多元读写能力及其实施途径评析 [J]．外国教育研究，2019，(8)：57—68．

[35]郭宝仙．核心素养评价：国际经验与启示 [J]．教育发展研究，2017，37(4)：48—55．

[36]郝成淼．英语学科核心素养的嬗变及思考 [J]．教育观察，2022，11(8)：85—87，124．

[37]核心素养研究课题组．中国学生发展核心素养 [J]．中国教育学刊，2016，(10)：1—3．

[38]胡萍英，张家秀．高校外语教师核心素养现状调查及对策探究[J]．教育与教学研究，2021，(7)：70—81．

[39]胡永近．多元系统理论与系统思想对比、结合及其在翻译中的应用 [J]．宿州学院学报，2010，(9)：75—77，108．

[40]胡壮麟，朱永生，张德禄，李战子．系统功能语言学概论[M]．北京：北京大学出版社，2005：59．

[41]黄德先．多元系统论释疑——佐哈尔访谈录 [J]．中国翻译，2006，(2)：57—60．

[42]黄四林，左璜，莫雷，等．学生发展核心素养研究的国际分析[J]．中国教育学刊，2016，(6)：8—14．

[43]黄正翠．核心素养课改下的基础英语教育回顾与展望 [J]．教育科学论坛，2016，(20)：63—67．

[44]靳玉乐，张铭凯，郑鑫．核心素养及其培育[M]．南京：江苏人民出版社，2018．

[45]康翠萍，徐冠兴，魏锐，等．沟通素养：21世纪核心素养5C模型之四 [J]．华东师范大学学报（教育科学版），2020，(2)：71—82．

[46]克利夫顿·康拉德，劳拉·达内克．培养探究驱动型学习者——

21世纪的大学教育［M］．卓泽林，译．上海：上海科技教育出版社，2017：51．

［47］孔冬秀．英语学科核心素养培养策略研究［J］．开封教育学院学报，2017，37（9）：110－112．

［48］李艺，钟柏昌．谈"核心素养"［J］．教育研究，2015，（9）：17－23，63．

［49］李媛，练斐，董艳．我国核心素养研究的回顾、思考与展望［J］．沈阳师范大学学报（教育科学版），2022，1（4）：80－88．

［50］梁砾文，王雪梅．核心素养视野下的超学科语言课程群建构［J］．天津师范大学学报（基础教育版），2017，（2）：50－56．

［51］梁艳，罗朝盛．应用型高校"双师型"教师核心素养标准探究［J］．山西广播电视大学学报，2022，（1）：13－17．

［52］林崇德．21世纪学生发展核心素养研究［M］．北京：北京师范大学出版社，2016．

［53］刘超，刘璐娟，陶雨璇．知识图谱视界中的中小学教师核心素养研究：热点、演进与展望［J］．兵团教育学院学报，2022，（5）：77－84．

［54］刘森．基于学科核心素养的英语教学——2018 TESOL中国大会带来的思考［J］．教师教育研究，2018，（5）：56－60．

［55］刘蔚之，彭森明．欧盟"关键能力"教育方案及其社会文化意涵分析［J］．课程与教学季刊，2008，11（2）：51－78．

［56］柳夕浪，张珊珊．素养教学的三大着力点［J］．中小学管理，2015，（9）：7－10．

［57］刘妍，马晓英，刘坚，等．文化理解与传承素养：21世纪核心素养5C模型之一［J］．华东师范大学学报（教育科学版），2020，（2）：29－44．

［58］路·冯·贝塔朗菲．一般系统论［M］．林康义等，译．北京：清华大学出版社，1987．

［59］罗祖兵，郭超华．学科核心素养评价的困境与出路［J］．基础教

育，2019，16（5）：49—56.

[60] 马利红，魏锐，刘坚，等. 审辨思维：21 世纪核心素养 5C 模型之二 [J]. 华东师范大学学报（教育科学版），2020，（2）：45—56.

[61] 马琳. "互联网＋教育"背景下地方高校师范生职前核心素养模型探究 [J]. 智库时代，2020，（1）：196—197.

[62] 毛建儒. 论系统整体观 [J]. 系统辨证学学报，1997，（4）：13—16.

[63] 毛建儒. 论系统质的外在规定性 [J]. 中共中央党校学报，2002，（4）：22—27.

[64] 孟雪，张安迪，刘鹏. 新时代教师教育者核心素养内涵、特征与构成 [J]. 当代教师教育，2023，（2）：80—85，95.

[65] 苗光宇. 高校教师教育者核心素养：内涵、构成要素及路向探索 [J]. 黑龙江高教研究，2022，（11）：8—12.

[66] 欧阳子豪. 学科核心素养的融通培养：现实诉求和基本策略 [J]. 中国教育学刊 2022，（2）：34—39，98.

[67] 潘超. 应用型高校教师核心素养结构探索 [J]. 内江师范学院学报，2022，（12）：98—105.

[68] 潘秀明. 英语学科核心素养培养刍议 [J]. 英语教师，2017，（9）：209—210.

[69] 裴新宁，刘新阳. 为 21 世纪重建教育：欧盟"核心素养"框架的确立 [J]. 全球教育展望，2013，（12）：89—102.

[70] 彭冬萍，曾素林. 英语学科核心素养的含义及教育价值 [J]. 科教文汇，2017（8）：40—42.

[71] 任毅，任国荣. 新课改下地理教师应具备的核心素养 [J]. 中学地理参考，2017，（6）：59—60.

[72] 史耕山，周燕. 老一代优秀英语教师素质调查 [J]. 外语与外语教学，2009，（2）：26—29.

[73] 施久铭. 核心素养：为了培养"全面发展的人"[J]. 人民教育，

2014，（10）：33—37.

[74] 束定芳. 关于英语学科核心素养的几点思考 [J]. 山东外语教学，2017，（2）：35—41.

[75] 宋安妮. 卢曼的社会系统理论与翻译研究探析——论翻译研究的社会学视角 [J]. 外国语文，2014，（3）：132—134.

[76] 孙继红. 教师核心素养的结构要素与提升路径研究 [J]. 唐山师范学院学报，2022，（3）：108—111.

[77] 孙有中，文秋芳，王立非，等. 准确理解《国标》精神，积极促进教师发展——"《国标》指导下的英语类专业教师发展"笔谈 [J]. 外语界，2016，（6）：9—15，56.

[78] 王光明，张楠，李健，等. 教师核心素养和能力的结构体系及发展建议 [J]. 中国教育学刊，2019，（3）：81—88.

[79] 王光明，张永健，吴立宝. 教师核心能力的内涵、构成要素及其培养 [J]. 教育科学，2018，34（4）：47—54.

[80] 王丽波. 教师素养：影响学生转变学习方式的重要因素 [J]. 内蒙古师范大学学报，2013，（4）：73—75.

[81] 王蔷. 从综合语言运用能力到英语学科核心素养——高中英语课程改革的新挑战 [J]. 英语教师，2015，（16）：6—7.

[82] 汪霞. 高中生应有怎样的技能素养 [J]. 课程·教材·教法，2003，（2）：74—74.

[83] 王晓娜，闫怡恂. 师范认证理念下英语师范生核心素养的内涵 [J]. 教育教学论坛，2019，（51）：209—210.

[84] 王煜，何莎. 教师核心素养与核心能力的实证研究 [J]. 青海师范大学学报（自然科学版），2022，（2）：84—91.

[85] 魏锐，刘坚，白新文，等. "21世纪核心素养5C模型"研究设计 [J]. 华东师范大学学报（教育科学版），2020，38（2）：20—28.

[86] 乌杰. 系统哲学 [M]. 北京：人民出版社，2008.

[87] 吴清山. 发展学生核心素养，提升学生未来适应力 [J]. 研习资

讯，2011，28（4）：1—3.

[88] 中国社会科学院语言研究所词典编辑室. 现代汉语词典（第5版）[Z]. 北京：商务印书馆，2005：990.

[89] 辛涛，姜宇，刘霞. 我国义务教育阶段学生核心素养模型的构建[J]. 北京师范大学学报（社会科学版），2013，(1)：5—11.

[90] 徐冠兴，魏锐，刘坚，等. 合作素养：21世纪核心素养5C模型之五[J]. 华东师范大学学报（教育科学版），2020，(2)：83—96.

[91] 杨柳. 基于学科核心素养的大学英语专业人才培养模式研究[D]. 重庆：重庆大学外国语学院，2018.

[92] 杨志成. 核心素养的本质追问与实践探析[J]. 教育研究，2017，38（7）：14—20.

[93] 杨自俭. 关于外语教育的几个问题[J]. 中国外语，2004，(9)：14—15.

[94] 袁建林，刘红云. 核心素养测量：理论依据与实践指向[J]. 教育研究，2017，38（7）：21—28，36.

[95] 曾文茜，罗生全. 教师核心素养的生成逻辑与价值取向[J]. 教学与管理，2017，(10)：49—54.

[96] 张博，徐祖胜. 高校教师核心素养理论建构研究[J]. 社会科学战线，2022，(11)：274—280.

[97] 张泊平，王晓静，吴国玺. 新时期教师核心素养：内涵、框架与培育路径[J]. 高教学刊，2022，(36)：166—168，172.

[98] 张丹枫，张立. 论新课改对教师素养的要求[J]. 教育与教学研究，2009，(9)：9—10，23.

[99] 张地容，杜尚荣. 试论"以生为本"的教师核心素养[J]. 教学与管理，2018，(12)：8—11.

[100] 张海燕. 核心素养理念下英语教师教育专业培养模式：理论研究与案例库建设[M]. 南京：南京大学出版社，2018.

[101] 张华. 论核心素养的内涵[J]. 全球教育展望，2016，45（4）：

10—24.

[102] 张佳琳. 从能力指标之建构与评量检视九年一贯课程基本能力之内涵 [J]. 国民教育，2000，40（4）：54—61.

[103] 张静，王力，罗朝阳. 认证理念下师范生教师核心素养发展问题与对策——以昌吉学院数学与应用数学（师范）专业为例 [J]. 昌吉学院学报，2022，（2）：101—109.

[104] 张莉，刘金梅. 卓越外语教师专业素质探究——来自 NBPTS 优秀外语教师认定标准的启示 [J]. 湖北第二师范学院学报，2015，（9）：84—87.

[105] 张娜. DeSeCo 项目关于核心素养的研究及启示 [J]. 教育科学研究，2013，（10）：39—45.

[106] 张南峰. 中西译学批评 [M]. 北京：清华大学出版社，2002.

[107] 张文婷，于海波. 国际教师核心素养研究现状及启示：基于 WOS 源刊文献的可视化分析 [J]. 比较教育学报，2021，（3）：136—149.

[108] 张先华，龚珏. 卓越教师的核心素养与成长路径研究 [J]. 绵阳师范学院学报，2022，41（4）：49—54，78.

[109] 张义红. 论和谐社会中的教师素养 [J]. 河北师范大学学报，2008，（2）：122—123.

[110] 张媛媛. 基于英语学科核心素养的 METS 教学与反思 [J]. 现代职业教育，2017，（21）：170—171.

[111] 赵桂霞. 从结构中寻找动力源：核心素养导向下的学校组织变革 [J]. 中小学管理，2023，（4）：17—20.

[112] 赵会珍，王晓东. 翻译学中的系统论对比研究 [J]. 现代英语，2020，（1）：71—73.

[113] 赵荣，徐元琴，王欣，等. 高校教师专业素养研究：基于扎根理论的国家政策文本分析 [J]. 中国成人教育，2021，（10）：68—72.

[114] 郑秋萍. 全人教育视角下英语学科核心素养的培养 [J]. 教学与管理，2017，（30）：73—75.

［115］郑金洲，吕洪波．教师应具备的七大素养［J］．人民教育，2016，（11）：54—57.

［116］钟启泉．基于核心素养的课程发展：挑战与课题［J］．全球教育展望，2016，45（1）：3—25.

［117］钟苇笛．数据驱动的核心素养评价：本源、困境与破局［J］．中国电化教育，2022，（12）：35—43.

［118］仲伟合，王巍巍．"国家标准"背景下我国英语类专业教师能力构成与发展体系建设［J］．外语界，2016，（6）：2—8.

［119］中央编译局．马克思恩格斯文集［M］．第1卷．北京：人民出版社，2009.

［120］庄智象，刘华初，谢宇，等．试论国际化创新型外语人才的培养［J］．外语界，2012，（2）：41—48.